ハンナ・アレントの教育理論

「保守」と「革命」をめぐって

樋口大夢
Higuchi Hiromu

勁草書房

はしがき

本書は、第二次大戦後のアメリカで活躍したハンナ・アレントの教育理論についての研究書である。

アレントの名前はどのくらいの人が知っているだろうか。マルガレーテ・フォン・トロッタ監督の映画「ハンナ・アーレント」が二〇一三年に日本で公開されたこともあって、アレントの名前を知っている人はそれなりに多いかもしれない。学問領域での話にはなるが、アレントの名前は、政治学・哲学・倫理学などではよく知られている。しかし、教育学という視点に立つとき、ジャン＝ジャック・ルソーやジョン・デューイ――もちろん、もっと挙げなければならない人物は大勢いる――らと比較すると、アレントの名前が十分に知れ渡っているとは言い難い状況にあるように思われる。こうした状況の中でなぜ本書はアレントの教育理論を主題にするのか。その理由は、次に示す政治教育の充実という差し迫った課題に由来する。

教育基本法の第一四条（政治教育）では、「良識ある公民として必要な政治的教養は、教育上尊重されなければならない」こと、および、「法律に定める学校は、特定の政党を支持し、又はこれに反対するための政治教育その他政治的活動をしてはならない」ことが定められている。これを受けて、「教育においては、これからの社会を担う子供たちに、主体的に国家及び社会の形成に参画するために必要な資質・能力の育成に向けて、政治的教養に関する教育の充実を含めた取組を推進することが一層重要」であると指摘され、今日では政策・実践・研究のさまざまな観点から政治教育の充実が模索されている。(1)

本書が着目するアレントは、教育の専門家ではない。アレントは、多くの人々から哲学を生業とする人物としてみられるきらいがあるが、自らの職業を「政治理論」と称する。そのため、アレントは、先述したような学問領域で着目されてきたのである。しかし、アレントには別の顔があることも忘れてはならない。それは、大学の教師という顔である。(2)アレントは、ニューヨークのマンハッタンにあるニュースクール・フォー・ソーシャル・リサーチで知られる私立の総合大学で学生の教育に携わっていた。こうしたニュースクールでのアレントの取り組みは、人々に政治を理解させる準備として適した教育と評されることもある。(3)詳細は、本書全体を通じて取り上げることになるが、アレントは、自らが研究する「政治理論」をベースにしつつ、自らの学生相手に「政治」教育を展開していたと言うことができるだろう。

筆者は、こうしたアレントの「政治理論」が今日の日本における政治教育を批判的に問い直すポテンシャルを有していると考える。というのも、アレントは、長年、政治学や哲学をはじめとした領域で研究されてきた「主権」概念を批判的に検討し、それに依拠しない形で自らの「政治理論」を構成していたからである。昨今の日本の政治教育は、シティズンシップ教育や主権者教育といった観点から充実が図られている。これらの取り組みは、「主権」概念をはじめとした政治学や哲学、教育学といった領域で蓄積されてきた学問的な議論を土台にして展開されている。このことを踏まえたとき、「主権」概念批判を土台にして「政治理論」を構成するアレントの教育理論は、シティズンシップ教育や主権者教育といった政治教育を批判的に再考していく際の前哨としての役割を担うことが期待できるのである。

以上からも明らかなように、政治教育の充実が喫緊の課題としてある今日の日本において、私たちがアレントから学ぶことは多いように思われる。それゆえに、本書は、アレントの教育理論を主題とするのである。

本書は、アレントの教育理論とそれから導かれる「政治」教育の構想を明らかにすることを目指す。したがって、本書では、アレントの「政治理論」の検討に力点が置かれることになる。その意味では、アレント研究としての一面も兼ね備えている。しかし、主眼に置かれるのは、アレントの「政治理論」がいかにして教育理論として再解釈できるのか、という点にある。したがって、本書の読者としては、（広義の）アレント研究に関わる人はもちろんであるが、教育について、とりわけ、政治教育について考えようとする読者の方が第一に想定される。教育について、あるいは、政治教育について考えようとする人であれば、研究者、学校の教員を含めた実践者、そうでない者――広義の意味で子どもの教育に関わる存在――の誰もが読者になりうる。

本書の取り組みが、政治教育の充実という今日的な状況に対する応答となること、そして、本書をきっかけとした更なる議論が展開されることを願っている。

註

（1）主権者教育推進会議『今後の主権者教育の推進に向けて（最終報告）』2021年（https://www.mext.go.jp/content/20210331-mxt_kyoiku02-000013640_1.pdf 二〇二四年八月三〇日最終閲覧）。

（2）教育者としてアレントに着目した研究もある［cf. 石田雅樹「教育者としてのハンナ・アーレント――あるパートタイム大学教員の「教育」と「研究」」『宮城教育大学紀要』第四八巻、二〇一四年、七九―八八頁］。

（3）Gordon, M. "Introduction", in *Hannah Arendt and Education: Renewing Our Common World*, Gordon, M. (ed.), Westview Press, 2001, pp. 1-9.

ハンナ・アレントの教育理論——「保守」と「革命」をめぐって／目次

凡例

一　文献からの引用は、著者名、出版年、頁数により表示し、邦訳があるものは邦訳の出版年、頁数も併記する。
二　アレントの著作および論文からの引用文中における〔　〕は、引用者による補足である。
三　アレントの著作および論文からの引用文中における［中略］は、引用者による中略を示した。
四　アレントの著作および論文において原文イタリックで表記されたものは、傍点によって示した（原文ラテン語およびギリシア語のアルファベット表記は除く）。
五　アレントの著作および論文において原文下線で表記されたものは、傍線によって示した。
六　アレントの著作および論文において原文大文字で表記されたものは、**ゴシック体**によって示した。
七　アレントの著作および論文から引用する際には、巻末にある参考文献一覧に記載した略号を用いて表示する。本文中に引用する際には、略号と頁数を示し、邦訳の頁数も併記する。引用箇所の訳出に際しては、邦訳を参考にし、必要に応じて適宜改訳した。

序　章　「政治理論家」ハンナ・アレントと教育

第一節　問題の所在と本書の目的
――「政治」を通して教育をみるとは

本書の目的は、自らを「政治理論家」と位置づけ、第二次大戦後のアメリカで活躍したハンナ・アレント(Hannah Arendt, 一九〇六―一九七五)を一人の「教育理論家」として再解釈することである。具体的には、アレントの「保守」と「革命」を結び付けて論じる独自の理路を詳らかにすることを通じて、彼女の批判する近代教育、とりわけ、「進歩主義教育」とは異なる独自の教育論の内実を明らかにする。そして、このアレント独自の教育論から導かれる「政治」教育について構想することを目指す。まずは、「政治理論(political theory)」を職業とするアレントを「教育理論家」として位置づけるために、彼女が教育と「政治」の関係性をどのようにみていたのかを確認する。

「政治」・「複数の人間」と「哲学」・「単数の人間」を区分けする

一九六四年一〇月二八日、ある連続インタビューの一回が西ドイツのテレビで放映されていた。そのインタビューとは、当時の著名なジャーナリストであるギュンター・ガウスがアレントに対して行ったものである。ガウスは、インタビューの冒頭でアレントに対して自らの連続インタビュー番組に参加した初めての女性であることを伝え、彼女が「非常に男性的な職業」として位置づけられる「哲学」という営みに携わっていると述べる[WR: 1=1]。その上でガウスは、アレントに対して「哲学者」の中における彼女自身の役割について尋ねる[WR: 1=1]。これに対してアレントは次のように応答した。

さっそく異議申し立てねばならないのは恐縮ですが、私は哲学者には属していません。あえて申し上げるならば、私の職業は政治理論です。私は自分のことをけっして哲学者とは感じていませんし、あなたが好意的に考えてくださっているようには、自分が哲学者の世界には受け入れられているとは思っていません。ただし、最初に切り出されたもう一つの質問についてですが、あなたはそれを世間一般では男性向きの仕事であるとおっしゃっていました。しかし、それがこれからも男性向きの仕事である必要は全くありません！ 女性がいつなんどき哲学者になっても、全く不思議ではないのです……。[WR: 1f.=2]

この応答を受けたガウスは、アレントに対して彼女が「政治哲学」と「政治理論」を区別していることについての説明を求める[WR: 2=2]。というのも、ガウスはアレントの主著の一つとされる『人間の条件』などの著作を念頭に置いているため、彼女を「哲学者」の中にカウントしたいと考えているからである［WR：2=2］。しかし、アレントはそのように自らがカウントされることを拒む。その際にアレントは、プラトン以来の「政治」と「哲学」の間にみられる緊張関係に関する議論を持ち出す［WR：2=3］。そして、アレントは、「私は政治を、いわば哲学に濁らされていない眼でみようとしているのです」と述べるのである［WR：2=3］。

なぜ、アレントは「哲学」ではなく「政治」にこだわるのか。その理由は、アレントが一九五一年に発表する『全体主義の起原』初版から亡くなる直前まで執筆を続けたが未完に終わった『精神の生活』にいたるまでに彼女が取り組んだある一貫したテーマの中に確認することができる［Young-Bruehl 1982：205=1999：287］。アレントの詳細な伝記をまとめたエリザベス・ヤング＝ブルーエル(1)によれば、そのテーマとは「全体主義（totalitarianism）」と結びついた「悪（evil）」の問題であった［Young-Bruehl 1982：205=1999：287f.］。

ここで、簡単にアレントの来歴を確認したい。アレントは、一九〇六年にドイツのハノーファーでユダヤ人中流階級家庭の子どもとして生まれる。その後は、ケーニヒスベルク（現在のカリーニングラード）で育ち、マルティン・ハイデガー、エトムント・フッサール、カール・ヤスパースらのもとで学問的な土壌を豊かにしていく。ところが、ナチスの政権掌握という出来事によって、アレントの生活は一変することになる。アレントは、この出来事が原因となって一時的に収容所での生活を強いられるが、幸いにして一九三三年にフランスのパリへ逃れることができた。その後、アレントは一九四一年にアメリカへと亡命し、本格的な学術活動を展開することになる。そして、まだ当時、無名であったこの「政治理論」を専門とする亡命者を一躍有名にしたのが、一九五一年に発表する『全体主義の起原』であった。アレントは、その後も精力的に学術活動に取り組み、一九七五年の最期の瞬間を迎えるまでニューヨークで過ごした。

このような波乱万丈の人生を過ごしたアレントにとって、「全体主義」、および、それと結びついた「悪」の問題は、避けて通れないものとして存在する。アレントは、自ら、そして、彼女の家族、彼女の友人――ユダヤ人であろうとなかろうと――が巻き込まれたこの問題と残りの生涯を通して向き合う。その際、この問題と向き合うためにアレントは、「哲学」ではなく「政治」を拠り所とするのである。では、アレントは「哲学」と「政治」の違いをどのようなものとして理解しているのだろうか。一九五〇年一一月の思索記録の中でアレントは、この違いについて次のように考察する。このときの思索記録は、母語であるドイツ語ではなく、英語を用いている。この記録で注目すべきは、「単数の人間」を意味するManと「複数の人間」を意味するMenという単語の頭文字をあえて大文字で表記して区別を強調している点である。

単数の人間が哲学のテーマであり、**複数の人間**が政治のテーマであるならば、全体主義とは、政治に対する「哲学」の勝利を意味する――その逆の「哲学」に対する政治の勝利ではない。哲学の最終的な勝利は、哲学者の絶滅を意味するかのようである。おそらく哲学者たちは「余計な(superfluous)」者になってしまうだろう。[DTB1: II [16], S. 43=63]

この「単数の人間」と「複数の人間」、そして、「単数の人間」をテーマとする「哲学」と「複数の人間」をテーマとする「政治」の対比は、活躍の場をアメリカに移したアレントにとって永遠のテーマとして位置づけられる。ここで、この対比について確認をしたい。

アレントが行ったこの対比は、本書の全体を下支えする土台の役割を果たす。したがって、この対比は、当然、本論の展開にあわせた詳細な検討が必要となる。そのため、本章ではこの対比にこれ以上の深入りはせず、詳細な検討の機会は本論に譲りたい。しかし、アレントが自らの職業を「政治理論」と称し、「政治」にこだわる理由を明らかにするためには、「単数の人間」と「哲学」、および、「複数の人間」と「政治」がどのように関係づけられているのか、あるいは、それらと「全体主義」がどのような関係性にあるのか、ということを確認する必要があるように思われる。そこで、本節では、アレントが「政治」こだわる理由という観点からもう少しこの対比に着目したい。

先に引用した思索記録からさかのぼること三か月、アレントは一九五〇年八月に「政治とは何か」と題した思索記録を残している。この記録は、アレント自身の手で公刊されることはなかったが、もともとは一九五六年にドイツのピーパー社から彼女が出版を目指して執筆したものとされている。この記録は、『思索日記』の他に『政治とは何か』――ウルズラ・ルッツがまとめて公表したアレントの未発表草稿集――に所収してある。そこでは、「政治とは何か」ということについてのアレントの見解が端的に示されている。

政治とは何か？

一、政治は人間の複数性（Pluralität）という事実に基づく。神は単数の人間（den Menschen）を創造した。複数の人間（die Menschen）は人間的、地上的な所産であり、人間的自然の所産である。哲学や神はつねに単数の人間を取り扱い、哲学や神学のあらゆる命題は、人間が一人であろうと二人であろうと、あるいは同じ人間しかいなくても、間違いのないものだろうから、哲学も神学も「政治とは何か」という問いに対して哲学的に妥当な解答を見出したことがない。さらに悪いことには、哲学や神学と同じように、生物学でも心理学でも――すべての学問的思考にとって、単数の人間しか存在しないのは、動物学にとって単数のライオンしか存在しないのと同じような事情なのだ。複数のライオンは、複数のライオンにしか関わりのない問題なのである。[DTB1:1 [21], S. 15=22]

一九五〇年一一月と同様、アレントはこの思索記録でも「単数の人間」と「複数の人間」を明確に区別している。この思索記録は母語であるドイツ語で執筆したため、この区別は、定冠詞、および、それに引かれた下線による強調から確認することができる。では、アレントは、「単数の人間」と「複数の人間」をいかにして区別するのか。この区別を理解する上で重要となるのが、人間の「複数性」と言われるものである。もちろん、この「複数性」も本書を貫く重要な概念であるため、本書全体での検討を俟ちたい。さしあたり、本節の検討では、この思索記録から読み解けることに限定する。

この地球上には、人間がいる。このように抽象的な形で使われる人間こそ、アレントが「単数の人間」と名指すものである。人間とは何か。こうした問いが象徴的なように、アレントによれば「哲学」や「神学」は、抽象的な形で使われる「単数の人間」を対象とする。しかし、こうした「単数の人間」の内実は、見た目や使う言葉などをはじめとしたさまざまな意味で異なる「複数の人間」から構成される。しかし、アレントの理解によれば、「単数の人間」を対象とする「哲学」や「神学」は、それぞれの「複数の人間」が有するさまざまな差異を捨象する。アレントは、こうした「学問的思考」が「哲学」や「神学」に留まらないと指摘し、「動物学」におけるライオンの具体例を提示するのである。アレントは、「単数の人間」を対象とする「学問的思考」が個々の人間におけるさまざまな差異――動物であれば個体差など――を切り捨てて議論していることを指摘する。(2)

それに対して、アレントが「複数の人間」と述べるとき、こうした個々の人間が有するさまざまな差異は議論の要となる。このあらゆる差異に着目したとき、地球上には自分と全く同じ人間はいない。たしかに、私と何らかのものを共有する人間はいる。しかし、私はその人間と共有しない何らかの差異を有するため、私とすべてが同じ人間は地球上に存在しない。この地球上に私とすべてが同じ人間は存在しないという事実こそをアレントは「複数性」と名づけるのである。アレントの死後に親友のメアリー・マッカーシーによって公表された未完の『精神の生活』の中では、「地球に生きる人の掟」として「複数性」を位置づけていた［LMT: 19=23f.］。アレントは、こうした「複数性」という事実に基づく営みを「政治」と理解するのである。

「単数の人間」・「哲学」・「全体主義」の連なり

この「単数の人間」と「複数の人間」の違いについて、アレントはさらに深く考察を進め、それらを「全体主義」との関わりで解釈していく。ここで、一九五一年一月に残した思索記録を確認したい。

> 単数の人間―複数の人間
>
> 全体主義体制では単数の人間の絶大な権力（die Allmacht des Menschen）が、複数の人間の余計さ（der Überflüssigkeit der Menschen）と対応していることは明らかである。すべては可能であるという考えから直接に、複数の人間が人間としてある場合には殺害し、一般的には粛清することによって、複数の人間を余計な者にしようとする実践が生まれるのはこのためである。単数の人間が絶大な権力を有している場合には、その絶大な権力を行使するためである場合、つまり純然たる客観的な協力者である場合を除けば、複数の人

間が存在する理由を理解することができない。あらゆる人間はすでに単数の人間の絶大な権力に対する反証となる。つまり、それは、すべては可能である訳ではないことの生きた証明なのである。複数の人間に基づく権力と単数の人間に基づく権力を分けるものはまず複数性である。絶大な権力とすべては可能であるという考えは必然的に唯一性にたどりつく。神のすべての伝統的な述語から、多神論を排除するものは、神の全能と「神において不可能なものはない」である。[DTB1: II [30], SS. 53-54=74f.]

「すべては可能である」という考え方は、神の全能性に由来する。「全体主義体制」における「絶大な権力」を有する存在は、「すべては可能である」という考えのもとで神のように振舞うことができる。このような存在は、単数であることが不可欠となる。言い換えれば、このような存在が複数いてはならない。というのも、このような存在が複数いれば、お互いにバッティングすることもあり、アレントが示した例外を除いて、それぞれの存在にとって「すべては可能である」ということは成立しえないからである。「単数の人間」と結びつく「すべては可能である」という状況は、「唯一神という仮定」でのみ成り立つのであり、アレントはそれを後の一九五八年に発表する『人間の条件』の中で「主権（sovereignty）」との関わりで理解しようとすることを試みる[HC: 235=369]。詳しくは本論にて確認することになるが、アレントは「単数の人間」を想起させる「主権」をはじめとしたこうした議論を斥けるのである[cf. HC: 234=368]。

「絶大な権力」を行使する存在にとって、その他の存在は「純然たる客観的な協力者」であることが求められる。このとき、「単数の人間」は、自らの有する「絶大な権力」を行使することによってあらゆることが可能となる。「単数の人間」が有するこの「絶大な権力」の行使を阻もうとする「複数の人間」は、「粛清」を通じて

「余計な者」にされてしまう。このとき、「余計な者」は、自らが有していたさまざまな差異を捨象し、自らを「単数の人間」に重ね合わせていくのである。この思索記録の数か月後に発表した『全体主義の起原』の中でアレントは、「複数の人間」が「余計な者」へと変わっていくプロセスを鮮やかに描き出す［cf. OT1; OT2］。アレントは、そうしたものこそを「全体主義」と位置づけるのである。

それに対して、「複数の人間」においては、誰か一人が「絶大な権力」を握ることはできない。ここに、「絶大な権力」とは区別される「複数性」に由来する「複数の人間に基づく権力」が生起する。この「複数の人間に基づく権力」は、「全体主義体制」と馴染みが悪い。つまり、「複数の人間に基づく権力」は、「全体主義体制」における「単数の人間の絶大な権力」とは明確に区別することが求められる。「複数の人間に基づく権力」は、アレントの論じる「政治」との関わりで理解しなければならないのである。

ここで改めて、一九五〇年一一月の思索記録に立ち戻りたい。アレントは、「全体主義とは、政治に対する「哲学」の勝利を意味する」と述べていた。この一節は、「全体主義とは、「複数の人間」をテーマとする「政治」に対する「単数の人間」をテーマとする「哲学」の勝利を意味する」、と言い換えることができるだろう。これまで確認してきた一九五〇年八月と一九五一年一月の思索記録に基づくと、「全体主義」と「哲学」は、「単数の人間」を介して一本の線で結ばれる。「全体主義」にせよ、「哲学」にせよ、「単数の人間」の中にあるさまざまな差異は「余計な」ものとなる。しかし、このことは、哲学者たちにとっては好ましくない状況のように思われる。アレントは、「哲学の最終的な勝利は、哲学者の絶滅を意味するかのようである」と述べ、「おそらく哲学者たちは「余計な」者になってしまうだろう」と記していた。「哲学」は、「単数の人間」を対象としつつもその営みの中身はさまざまな差異で溢れている。しかし、「全体主義」においては、そのさまざまな差異は「余計な」

ものとなる。「全体主義」にとっては、単数、つまり、一つの答えであることが何よりも重要なのである。そのため、さまざまな見解を有する哲学者たちは「「余計な」者」とならざるをえない。「哲学」が行っていることは、結果として自らの首を絞めることになるとアレントは指摘するのである。

それに対して、「複数の人間」をテーマとする「政治」は、「哲学」や「全体主義」において切り捨てられたさまざまな差異こそが重要な役割を担う。さまざまな差異を有する「複数の人間に基づく権力」は、「複数性」に由来する。そして、アレントの論じる「政治」は、この「複数性」に基づく。したがって、「政治」は、「複数の人間」を不可欠とするのであり、さまざまな差異こそが欠くことのできない要素となる。こうしたさまざまな差異を捨象した「単数の人間」をテーマとする「哲学」は、「複数の人間」をテーマとする「「政治とは何か」という問いに対して哲学的に妥当な解答」を与えることが原理的に不可能なのであるとアレントは考える。「政治とは何か」という問いに対してアレントは、さまざまな差異を有する「複数の人間」を前提に据えた形での解答を試みるのである。

ここで一度整理しよう。アレントは、「全体主義」と「哲学」が「単数の人間」を介してつながると理解していた。その図式の対抗軸に置かれるのが、「複数の人間」をテーマとした「政治」であった。アレントが「全体主義」との対決を試みるとき、彼女は「哲学」ではなく「政治」に依拠する。ここに、アレントが一九五一年から亡くなる一九七五年までの間に向き合い続けた「全体主義」(と結びついた「悪」)の問題と対決するとき、「哲学」ではなく、「政治」という「複数の人間」をテーマとする営みを拠り所とする理由を確認することができる。「政治理論」を職業とするアレントは、「全体主義」やそれと結びついた「悪」をはじめとした哲学的な問いに対して「哲学」の観点から対峙することはしない。アレントは、「おこがましい」ことを承知の上で[LMT: 3=5]、こうした事柄に対して「政治」という営みの観点から向き合うのである。アレントが自らの職業を「政治理論」と述べる理由は、以上の議論に確認することができる。

「政治」と教育

「政治理論」を職業とするアレントは、「政治」というフィルターを通してあらゆる出来事を理解しようと試みる。それは、教育という営みにおいても同じことが言えるだろう。ここで、アレントが、教育について論じた二つの論文――「教育の危機」と「リトルロックの省察」――と「政治」の結びつきについて考えていきたい。

まず、ごく簡単にではあるが、この二つの論文の公表経緯について確認する。というのも、この二つの論文は、「政治」的な論争の影響を受けてアレントが最初に思い描いていた公表プロセスとは異なる道程を辿ったからである。この公表プロセスについては、本節でも参照してきたヤング＝ブルーエルの研究で詳しく論じられているが、一九五八年に発表された「教育の危機」と翌一九五九年に発表された「リトルロックの省察」は本来逆の順番での公表が予定されていた(3)［cf. Young-Bruehl 1982=1999］。つまり、「リトルロックの省察」は、アレントの思惑とは異なり、ある一定の期間たらい回しにされたのである。本節では、このたらい回しとなった経緯について、雑誌が有する性格などの観点から検討を試みた前川玲子の研究を手がかりとすることを通じて確認したい。

『ディセント』に掲載された「リトルロックの省察」には、『責任と判断』に所収されているものとは異なり、論文の前にアレントが添えた序文とそれに先立つ形で編集者からの添え書きが加えられている［RLinD: 45f.］［cf. 前川 2014: 245］。序文では、「リトルロックの省察」が『ディセント』に掲載される過程について、アレントからの説明がなされている。では、その序文を確認しよう。

この論文は、一年以上前に『コメンタリー』の編集者の一人の提案によって書かれたものである。それは、私の見方が明らかに差別と人種分離に関する雑誌の立場に反するものであったため、何か月にもわたって掲載が遅れることとなった時事的な論文であった。一方、事態は一時的に沈静化した。私は、事態の深刻さに対する私の懸念が大袈裟であることが証明されるかもしれないと期待し、この論文の掲載を望まなくなった。最近の情勢をみるにつけ、そのような期待は無駄であり、リベラルな決まり文句を日常的に繰り返すことは、一年前に私が考えていた以上に危険なことかもしれないと確信した。そこで、私はこの論文をそのまま掲載することに同意した。[RLinD: 45]

「リトルロックの省察」——その中身については本論での検討対象となる——でアレントが取り上げるリトルロック事件とは、公民権運動の一貫としてアメリカのアーカンソー州リトルロックのリトルロック・セントラル高校で一九五七年に起きた事件——黒人と白人の人種共学に踏み切ったリトルロック・セントラル高校に黒人生徒が入学しようとした際に白人が起こした暴動——を指す(4)[cf. ハルバースタム 1997: 第3部〈44〉]。この事件を論じた「リトルロックの省察」は、一年前、つまり、「教育の危機」が『パルチザン・レビュー』に掲載される前から構想されていたものである。しかし、「リトルロックの省察」は、『コメンタリー』の人種差別に対する態度に反するという理由から公表が見送られてきた。前川は、アレントが一般的にはアメリカ独立革命と呼ばれる出来事を肯定的に評価するのに対して、一九五〇年代に「進行しつつあった黒人大衆の市民運動に対してはいささか消極的な姿勢を示した」と評している(5)[前川 2014: 244]。「リトルロックの省察」は、こうしたアレントの「消極的な姿勢」で書かれたものであった。

そもそも、前川によれば、アレントと『コメンタリー』、『ディセント』の三者には「錯綜した関係」がみられた［前川 2014: 245］。前川によると、『コメンタリー』という雑誌は、「保守的と考えられ」る性格を有している［前川 2014: 245］。アレントは、ユダヤ人協会が発行する一九四五年の『コメンタリー』創刊号以降、いくつかの論文をそれに寄稿してきた。そのため、アレント自身も「保守的」とみられるきらいがある。しかし、一九五二年に「共産主義者のみならず容共的なリベラル派知識人全体を西側の脅威として糾弾する」アーヴィング・クリストルの論文が『コメンタリー』に掲載されると、アレントが「元共産主義者たち」（一九五三年に刊行された『コモンウィール』所収）の中で「教条的反共主義はアメリカの民主主義の破壊につながると強い調子で警告した」と前川は述べる［前川 2014: 245f.］［cf. EC］。前川は、一九五〇年代後半になると、「共産主義者の自由を守ることには熱心ではなかった『コメンタリー』は、ナチズムの人種主義への抗議として、また、人種差別を「自由の国アメリカ」の醜い実態だと宣伝する「共産圏」への「文化的防衛」の観点から、南部の人種差別には反対の姿勢を取り始めた」とし、「こうした中で共産主義者などの政治的「異端児」の市民的自由を認めることを主張したアーレントが、人種問題の対応では保守的であるように『コメンタリー』編集部からは見えた」のであったと指摘する［前川 2014: 246］。以上のことからみえてくるように、『コメンタリー』における「保守」とアレントにおける「保守」の間には、明確な違いを確認することができる。(6) こうした事情から、「リトルロックの省察」は『コメンタリー』での掲載が見送られたのである。

次に『ディセント』について確認する。『ディセント』は、アレントと同様に「クリストルらの姿勢に強い不満を感じた」アーヴィング・ハウが、「社会主義者のマイケル・ハリントンらと創刊」した雑誌である［前川

2014: 246］。『ディセント』の編集者が寄せたアレントの「リトルロックの省察」に対する添え書きでは、「私たちがこの論文を掲載するのは、それに私たちが賛同しているためではなく――全く逆に――、私たちには完全に間違っているように思われる見解でさえそれを表現できる自由を信じているからである」と述べていることからも明らかなように［RLinD: 45］、同誌はアレントと立場を共有しない。しかし、『ディセント』は、「異端の意見を尊重するという立場から、そして多少は『コメンタリー』に一矢報いるためにもアーレントの論文掲載に踏み切った」と前川は結論づける［前川 2014: 246］。

この「リトルロックの省察」が掲載されるまでのプロセスについて前川の研究を手がかりとしながら少し長く確認してきた理由は、アレントが「政治」という観点から教育（さらには教育に関わる問題）を捉えていたということを確認するためである。これまで確認してきたように、少なくともアレントと『コメンタリー』、『ディセント』の三者は黒人と白人の統合教育問題をめぐって立場を共有しない。この問題をめぐっては、さまざまな考え方や見方、すなわち、複数の意見が存在しているように思われる。本節で確認してきたアレントの議論に立ち返れば、「リトルロックの省察」の執筆および公表プロセスは、彼女の論じる「政治」を象徴しているものとして理解することができる。したがって、アレントが教育について語るとき、それは彼女の論じる「政治」の観点から理解することが求められるのである。このことを踏まえて本書では、アレントの論じる「政治」という観点から彼女の教育に関する考察、つまり、彼女の教育論を解釈していくことを試みたい。

ここで、今一度冒頭で言及したガウスに少し立ち戻る。たしかに、アレント本人ではない視点から彼女を眺めるとき、ガウスが述べるように彼女は「哲学者」のようにみえるかもしれない。しかし、ここまで確認してきたことを念頭に置いたとき、本書はアレントを「哲学者」とみる道を選択しない。本書のこれまでの取り組みを踏まえるならば、アレントは「政治理論」を職業とする「政治理論家」として理解することが適切なのである。では、この「政治理論家」が記した教育論を「政治」という観点から読み解いた先に何がみえてくるのか。おそらくそこには、アレントを「教育理論家」として再解釈する余地が現れてくるだろう。これこそが本書の取り組む課題になる。

さて、ここまできてようやく「政治理論」を職業とするアレントを「教育理論家」として読み解く準備が整ったように思われる――教育哲学者ではなく、「教育理論家」である理由は、アレントが「哲学」を拠り所としなかったというこれまで確認してきた議論の中から導くことができる。ここで、次のような問いを提起したい。その問いとは、なぜ本書が「政治理論」を自らの職業とするアレントを「教育理論家」として再解釈することを目指すのか。あるいは、「政治理論」を職業としているアレントを「教育理論家」として位置づけることは可能なのか。こうした問いへの応答を試みる準備として、まずはアレントに関する先行研究の検討とそれらの中での本書の立ち位置を確認したい。

第二節　先行研究の状況と本書の課題

第一節の冒頭でも示したように本書の目的は、「政治理論家」ハンナ・アレントを一人の「教育理論家」として再解釈することにある。そして、その具体的な内容として、大きく二つの課題を提示した。一つ目は、アレントの「保守」と「革命」を結び付けて論じる独自の理路を詳らかにすることを通じて、彼女の批判する近代教育、とりわけ、「進歩主義教育」とは異なる独自の教育論の内実を明らかにするという課題である。二つ目は、アレント独自の教育論から導かれる「政治」教育について構想を試みるという課題になる。この限りにおいて、本書は「教育理論家」ハンナ・アレントの人物研究としての性格も有する。前節の議論からは、アレントが「政治」を通して教育をみていることが確認できている。そこで、本節では、そのアレントの「政治」と結びついた教育論の要点を取り上げつつ、右記の二つの課題に関わる先行研究の検討を通じて、それぞれの課題設定の妥当性についての検証を試みたい。その前にまずは、アレント研究の全体像について簡単に確認していく。

アレント研究の抱える困難さ

昨今の世界に目を向ければ、Covid-19の流行、ウクライナやパレスチナの問題などの暗い出来事があらゆる場所で生じている。アレントの言葉に倣えば私たちは「暗い時代」に生きていると言うことができるのかもしれない［cf. MD］。アレントの遺稿をまとめて公表するなど、彼女の研究において見逃すことのできない人物として、リチャード・バーンスタインという研究者がいる(7)。バーンスタインは、こうした出来事を生じさせている「今日の暗い時代」にアレントの「政治理論」は光を当ててくれるものとして捉えることができると述べる［cf. Bernstein 2018: 8f.］。

バーンスタインが指摘するように、「今日の暗い時代」に光を当てるアレントの「政治理論」の射程は、政治学に限らない多様な学問領域が含まれる(8)。それにともなって、さまざまな学問領域でアレント研究は取り組まれ、彼女の名前を冠にした国際学会が開催されたり、学術雑誌で特集も組まれたりするほどである(9)。日本では、『現代思想』や『思想』、『情況』といった学術雑誌でも度々特集が組まれ、アレントの名前を冠にした「日本アーレント研究会」も組織されている。近年、日本アーレント研究会が編集した『アーレント読本』は、研究領域を限定しない総勢五〇名の執筆者（一部海外の研究者も含む）のそれぞれが主要なテーマ群について、最新の国内外の研究状況との関わりの観点から独自の視点で掘り下げた論考で構成している［cf. 日本アーレント研究会 2020］。こうした多様な研究領域での盛り上がりは、ときに「アーレント産業《インダストリー》」と揶揄されるくらいである、と森川輝一は自戒の意を込めて述べる［cf. 森川 2010: vii］。もちろん、本書もこうした「アーレント産業《インダストリー》」の一端を担うものとして位置づけられることには自覚的でなければならないだろう。

しかし、こうした盛況具合は、アレント研究においてある種の困難さを生み出しているようにもみえる。それは、学問領域を限定せずにアレントに関する先行研究を全体的に網羅することが極めて難しい状況になってきているということである――筆者の力不足はもちろんであるが。そこで以下では、こうした多様なアレント研究の中から教育に関わるものに焦点を絞り、本書の課題設定が妥当であるかどうかということについての具体的な検討を進めていくことにする。なお、本論における各章の検討では、それぞれの章が課題に設定するテーマや概念に関わる先行研究について、以下で検討する教育に関わるものも含めて学問領域を限定せずに参照することとする。

教育に関わるアレント研究の全体像

これまでの教育、あるいは、教育学に関わる領域において、国内外を問わずアレントはさまざまな観点から注目を浴びてきた。まずは、海外の先行研究を確認したい。たとえば、アレントの議論を手がかりとしつつ、教育（および、教育に関わる事柄）を批判的に検討するものが、そうした研究潮流の内の一つとして取り上げることができるだろう[10]［Norris 2011］［Nixon 2012］。そうした潮流の中で見逃すことができないのが、二〇〇一年に刊行されたモルデハイ・ゴードンが編者を務めた『ハンナ・アレントと教育――私たちの共通世界を刷新する』という論集である。この論集では、アレントの鍵概念――ナターシャ・レヴィンソンはアレントの「出生性」[Levinson 2001]、ゴードンは「保守主義」[Gordon, M 2001]、ステイシー・スミスは「判断」[Smith 2001]、アーロン・シュッツは「公的領域」[Schutz 2001]――の観点から民主主義的な社会のための教育について、あるいは、アレントの議論を手がかりにして教育に関わるさまざまな問題への応答――キンバリー・カーティスとアン・レーンは多文化主義教育について [Curtis 2001] [Lane 2001]、ピーター・ユーベンは高等教育における政治と教育の間の問題について [Euben 2001]、エドゥアルド・ドゥアルテは「協働学習」の批判的検討 [Duarte 2001]――を試みている。[11] 他には、近年の気候変動問題などにみられる先行世代が有する応答責任を考えるために、アレントの議論を手がかりにして考察を展開する論集もみられる [Veck and Gunter 2020]。このように、諸外国に目を向ければ、教育学に関わる領域においてもアレントの名前を表題に組み込んだ著作や論集をそれなりに確認することができる。もちろん、アレントと教育に関わる学術論文に関しても一定数の蓄積がみられる。

次に国内に目を向けたい。国内の教育学に関わる領域において、アレントの名前を表題や副題に組み込んだ著作や論集は、日本の教育学におけるアレント研究の代表的な論者である小玉重夫の仕事を除いて多くを確認することができない [cf. 小玉 1999; 2013]。しかし、このことは、必ずしも日本の教育学においてアレント研究が十分に取り組まれていない、ということを意味する訳ではない。たとえば、当時のアメリカで行われていた教育に対するアレントの批判――近代教育、とりわけ、「進歩主義教育」に対する批判――から多くを学んでいる小玉の研究をはじめ、海外と同様に彼女の鍵概念――小玉と山口充は「出生性」について [小玉 2001b] [山口 2006]、朴順南は「世界」について [朴 2006]、村松灯は「思考」・「意志」・「判断」といった精神活動について [村松

2013; 2015; 2017〕、田中智輝は「権威」について〔田中智輝 2016〕、石神真悠子は「現れ」について〔石神 2019〕、浅井健介は「世界疎外」について〔浅井 2024〕――と教育（あるいは、教育に関わる諸課題）の関係性について考える研究、彼女と関係の深い論者――ヴァルター・ベンヤミン〔小玉 1997〕、ハイデガー〔川上 2018〕、ハンス・ヨナス〔戸谷ら 2020〕――との関わりで教育的事象について思考を試みる研究など、日本の教育学においても学術論文を基盤としながら彼女の研究は盛況に行われている。(12) このことからも明らかなように、日本の教育学に関わる領域におけるアレント研究は、海外と同様に一定の成果を確認することができるのである。(13)

本書の射程

これらの先行研究は、アレントの議論が教育、および、教育学が抱える諸課題に対して有効な手がかりとなりうることを示してきた。本書は、こうした先行研究の成果に学びつつ、それらの基底をなすアレント教育論の内実解明を目指す。というのも、これらの先行研究は、「政治」を通して教育を眺めるアレント教育論のロジックについての十分な検討を行ってきたとは言い難い状況にあるように思われるからである。もちろん、このことは先行研究においてアレント教育論が検討の対象とされてこなかったということを意味する訳ではない。以下に示すように、国内外問わず教育学に関わる研究領域では、アレント教育論から多くのことを学んでいる。そこで、以下では、まずアレント教育論の要諦を確認した上で、彼女の教育論のロジックについての検討が不十分であるということについて、先行研究の成果を確認することを通じて示すことにしたい。

第一節で確認したように「リトルロックの省察」は、もともと「教育の危機」の前に発表される予定であった。ヤング＝ブルーエルによれば、「リトルロックの省察」で論じられた問題の核心を詳論するために「教育の危機」

は執筆されたのである［Young-Bruehl 1982: 317=1999: 424］。このことから「教育の危機」は、アレントが「リトルロックの省察」を通じて主張しようとした事柄の註解として捉えることができる。この二つの論文におけるアレントの主張の詳細な検討の機会は、本論の各章での議論を俟ちたいがさしあたり要点だけ確認する。

ヤング＝ブルーエルが端的に述べるように、アレントは「教育が、社会的あるいは政治的変革の唯一ないしは最重要の源泉であるべきではない」と強く考えている［Young-Bruehl 1982: 317=1999: 424］。このことは、「リトルロックの省察」と「教育の危機」におけるそれぞれの次のような記述からも確認することができる。本論でも何度か言及することになるがここでも引用したい。

> 今や私たち〔大人〕は、子ども達に世界を変革し、改善することを要求する時代となったのか？そして私たちの政治的な争いを校庭で、闘わせようとするのか？［RL: 204=375］

> 新しい世界のために新しい世代が不可欠であるとするならば、新しい世界へのチャンスを新参者の手から叩き落すことになる。［CE: 174=238］

このようにアレントは、当時のアメリカで流行していた「進歩主義教育」――この教育の内実については本論の第二章で詳しく確認することになる――に対して批判を展開する。しかし、こうした教育とは異なる形でアレントは、子どもにある種の期待をかける。この期待は、「教育の危機」の末尾の記述から確認することができる。この記述も本論にて何度か登場することになるが引用することにしたい。

また教育というのは、〔大人の〕私たちが十分に子どもを愛しているか、ということを決める分岐点なのである。つまり、子どもを私たちの世界から追放して彼らの好き放題にさせたり、あるいは何か新しいもの、私たちが予見しえないものを企てるチャンスを彼らの手から奪ったりすることではない。むしろ、子どもに共通世界を刷新する使命への準備を前もってさせるか、ということを決める分岐点なのである。［CE：193=264］

アレントは、近代教育、すなわち、当時のアメリカで展開されていた「進歩主義教育」とは異なる形で子どもに期待をかける独自の教育を思考する。そして、この独自の教育の中枢を担うのがアレントの論じる「保守主義（conservatism）」である。「教育の危機」の中でアレントは、教育の本質に「保守主義」をみてとろうとする［CE：188=258］。そして、この「保守主義」は、アレントの論じる「革命」と結びつく。「教育の危機」では、「どの子どもの中にもある新しく革命的なもののために教育は保守的でなければならない」と端的に述べていた［CE：189=259］。以上のことから明らかなようにアレントは、「革命」と結びついた「保守主義」を本質とする独自の教育理論を提唱するのである。

先行研究では、こうしたアレント教育論の「保守的」な側面とそれに関わる議論、あるいは、「革命的」な側面とそれに関わる議論のそれぞれから導かれる教育学に対する示唆を明らかにしてきた［Gordon, H 1998］［Gordon, M 2001; 2015］［木村 2001］［朴 2006］［Biesta 2006=2021; 2010=2016］［田中智輝 2016; 2017; 2019］。また、アレントを同時代の研究者と比較しつつ、そうした中で独自の教育論を展開する論者として位置づける研究もみられる［今井 2022］。しかし、こうした先行研究では、アレントが教育論の中で「保守」と「革命」を結びつけるロジックについて、それを彼女の論じる「政治」の観点から十分に検討してきたとは言い難い状況にある。このことは、近年、日本で注目を浴びているオランダ出身の教育哲学者ガート・ビースタのアレント理解に象徴的なようにみえる。ビースタは、自らの研究において子どもの政治的主体化について論じる際にアレントの議論を手がかりにしている。ここで、ビースタのアレント理解について少し確認をする。

ビースタは、哲学者が教育の問題を取り組み始めた際に陥った過ちの犠牲者の一人としてアレントを位置づける［Biesta 2013: 103］。その過ちとは、教育について語る際に心理学的用語のみで語ることであるとビースタは述べる［Biesta 2013: 103］。ここにおけるビースタの主張の根底にあるのは、アレントが子どもを政治から遠ざけることを主張したという彼の理解である。たしかに、アレントは、ヤング＝ブルーエルの言葉を借りれば「教育が、社会的あるいは政治的変革の唯一ないしは最重要の源泉であるべきではない」と考えており、子どもを政治的な争いに巻き込むことを忌避しているようにみえる。ここにビースタは、アレント教育論の限界点を見出そうとする［Biesta 2013: 103f.］。そして、このことからビースタは、子どもの政治的主体化について論じる際に、アレント教育論を遠ざけ、彼女の論じる「政治」に関わる議論の観点からのアプローチを試みる［Biesta 2010=2016］。こうしたビースタの態度と近い論者としてアメリカで活躍した政治学者のジェーン・エルシュテインも挙げることができる［Elshtain 1995］。

しかし、アレントの論じる「政治」と彼女の教育論が結びついているのであれば、彼女に基づいて子どもの政治的主体化をはじめとした教育と政治に関する諸々の議論を展開するには教育論の議論を欠くことはできない。むしろ、アレントの論じる「政治」という観点から彼女の教育論を理解し、その上で教育と政治に関する諸々の議論を展開することが重要となるように思われる。(14)このことは、先行研究が明らかにしてきたアレント教育論が有する教育学に対する示唆や独自性をより鮮明な形で示してくれることに貢献することを期待させるのである。

では、「政治」との関わりで教育を考えるアレントは、近代教育、とりわけ、「進歩主義教育」とは異なる彼女独自の教育論において「保守」と「革命」をいかなる論理で結びつけるのか。この問いへの応答は、アレントが「政治」との関わりにおいて「保守」と「革命」をどのように理解しているのか、そして、その観点から教育論を照射したときに何がみえてくるのかということを明らかにすることで可能になることが見込まれる。ここに、本書の一つ目の課題設定の妥当性が示されるのである。

そして、このことは、アレントを手がかりとしつつ、シティズンシップ教育や主権者教育について考える先行研究群に対しても一定の貢献を見込むことができる。アレントの議論は、彼女の議論に影響を受けたイギリスの政治学者バーナード・クリックや先に取り上げた小玉やビースタらによってシティズンシップ教育を考える際の有効な手がかりとされてきた［Crick 2000=2011］［小玉 2003; 2013］［Biesta 2010=2016］。こうした先駆的な取り組みを踏まえて、アレントの議論の観点からシティズンシップ教育について論じる研究も確認することができる［髙田 2020］。しかし、アレント教育論を踏まえたとき、彼女の議論をスムーズにシティズンシップ教育へ導入することにはある種の困難さがともなう、との指摘がされていることは見過ごせない［石田 2012］。このようにアレントの議論は、シティズンシップ教育に対する有効性の有無という観点からも着目されてきたと言うことができる。

本書が設定した二つ目の課題は、一つ目の課題の検討成果に基づいて、アレント独自の教育論から導かれる「政治」教育について構想することである。こうした「政治」教育は、右記のようなアレントの議論に基づいてシティズンシップ教育の有効性について論じる先行研究を批判的に検討する際の議論土台となりうることが見込まれる。このことは、シティズンシップ教育そのものやそれと密接な関係にある主権者教育そのものに対しても見直しを迫るかもしれない。ここに、本書の二つ目の課題設定の妥当性が示されるのである。

このようにして二つの課題への応答を果たした先に「政治理論」を職業とするアレントを「教育理論家」として再解釈する余地が生まれるように思われる。以上を踏まえて、本書では、一つ目の課題――アレントの「保守」と「革命」を結び付けて論じる独自の理路を詳らかにすることを通じて、彼女の批判する近代教育、とりわけ「進歩主義教育」とは異なる独自の教育論の内実を明らかにする――と二つ目の課題――一つ目の課題への取り組みで明らかになるアレント教育論から導かれる「政治」教育について構想を試みる――に取り組むこととする。

第三節　研究の方法
――「政治理論家」の思考を教育理論として読み解くために

本書は、「政治理論」を職業とするアレントを「教育理論家」として再解釈することを目的としている。そのために、本書では、右に示してきたような二つの課題を設定した。すでに確認してきたように、アレントは「政治」というフィルターを通して教育に関する事柄についての自らの意見を醸成し、独自の教育論を展開していた。ヤング＝ブルーエルは、「「リトルロックの省察」や「教育の危機」のような時事的な評論を書くとき、ハンナ・アレントは『人間の条件』で詳論した複雑な図式を用いた」と述べていたが［Young-Bruehl 1982: 318=1999: 426］、本書では彼女の教育論を『人間の条件』の議論に限定せず、彼女が「政治」について論じている多様な記述の観点から理解することに取り組む。具体的には、『人間の条件』はもちろんのこと、『全体主義の起原』や『革命について』をはじめとした著作や論文における「政治」に関する記述が検討対象の中心になる。こうした記述の理解を補うために、アレントが自らの仕事を構想する際に記したと思われるノートのメモ（『思索日記』）、彼女自身の手による発表は叶わなかった草稿、そして、彼女と彼女の友人との間で交わされた往復書簡も適宜参照する。

右記のように本書では、アレントの論じる「政治」に関わる議論の検討に力を注ぐことになる。したがって、本書の各章では、アレントの論じる「政治」と関わりをもつ諸概念の検討が中心に行われる。そして、各章では、この検討成果の観点からアレント教育論を解釈することに取り組む方法を採用する[15]。

こうした方法を採用する理由は、前節で確認してきた先行研究が抱える課題に起因する。前節で確認してきたように、ビースタをはじめとした先行研究では、アレントの論じる「政治」に関わる議論と彼女の教育論の間には埋めがたいギャップをみていた。ビースタは、教育と政治に関わる問題を考えるとき、アレント教育論を遠ざけつつ、彼女の「政治」に関する議論を手がかりとしてきた。それに対して本書では、アレントの論じる「政治」という観点から彼女の教育論を読み解くという方法を採用する。このことにより、アレントの論じる「政治」と彼女の教育論を整合的に解釈することが可能になるように思われる。近代教育、とりわけ、「進歩主義教育」とは異なるアレント独自の教育論の内実は、こうした作業を経た先に詳らかとなるのである。以上より、本書は、このアレントの論じる「政治」に関わる議論の観点から彼女の教育論を読み解くという方法を採用する。

こうした本書の方法と関わって、度々登場するキータームに充てる訳語についても確認したい。というのも、日本のアレント研究においては、彼女のキータームに対してどのような訳語を付すのかということが一つ重要な課題となるからである。当然、この課題には本書も向き合わなければならない。さしあたり、本節では、本書を貫く「政治」と密接に結びついている「行為」と訳出するaction（英）／Handeln（独）、「行為」と密接な関係にあって「話し合い」と訳出するspeech（英）／Sprache（独）、「行為」と対の関係に置かれる「制作」と訳出するwork（英）／Herstellen（独）、そして第一節からすでに登場して「単数の人間」と訳出されるman（英）／Mensch（独）と「複数の人間」と訳出されるmen（英）／Menschen（独）について、それぞれの訳語が充てられる理由を確認していく。

第一に、「行為」について確認していきたい。本書において、「行為」と訳出するaction／Handelnという単語は、志水速雄が訳した『人間の条件』などをはじめとしたこれまでのアレント研究では「活動」の訳語を充てることが一般的であった。しかし、引田隆也と齋藤純一が訳出した『過去と未来の間』では、「行為」が用いられている。そうした中で川崎は、「活動」という訳語と「行為」という訳語のどちらが適切かを吟味し、自身の研究書の中でアレントがaction／Handelnに込めた意味を明確に示せるのは、「あまりに行為一般を指すような感の強い訳語」ではなく、「活動」であると考えている［川崎 2010a: ixf.］。それに対して、橋爪大輝は、「活動」という言葉には「たとえば「活動家」ということばに見られるように、はじめからいくらかの「政治活動」のニュアンスが混入しているように思われる」と指摘する［橋爪 2020: n. 1］。その上で橋爪は、action／Handelnの内実が、そうした「政治活動」を含め、もっと広く「行為一般」を指していると理解することができると考え、自身の研究書の中で「行為」という訳語を充てると説明する［橋爪 2022: 29］。本書では、こうした橋爪の考えに同意し、action／Handelnという営みの内実を広く一般的なもの――狭義の「政治活動」に留まらない――として表現できると思われる「行為」という訳語を充てることにする。なお、第四章では橋爪と同様にaction／Handeln

を「行為」と解釈してその営みの構造について検討している森川の議論を手がかりとしていることも訳語を選択した理由の一つとして付言しておく［cf. 森川 2011］。

第二に、「話し合い」（「話し合う」も含む）について確認していきたい。本書において「話し合い」と訳出するspeech / Sprache という単語は、「行為」と同様に志水が訳した『人間の条件』などをはじめとしたこれまでのアレント研究においては「言論」という言葉が充てられてきた。それに対して、『精神の生活』や『カール・マルクスと西欧政治思想の伝統』（佐藤和夫の他に、藤谷秀・小玉重夫・坂原樹麗・稲本竜太郎らによって訳出）、『政治とは何か』の訳者として知られている佐藤は、「話し合い」という語を用いている。『カール・マルクスと西欧政治思想の伝統』の「翻訳にあたって」の中で佐藤（あるいは佐藤とともに翻訳を行った藤谷・小玉・坂原・稲本）は、「この speech という言葉は、現代アメリカの用法では、「スピーチ」と翻訳されるような、何かの式典や集いで、その集まりの主旨を述べたり、盛り上げるために行われる演説のことを意味するが、アーレントにとっては、speech（ギリシア語の lexis）とは、「話し合いの能力と人間の複数性はお互いに関係している」「まず他の人と話し合い、そして自分自身の意見《ドクサ》doxa を他の人の意見《ドクサ》doxai にむけ、また、対立させながら、次第に明らかにしていくという意味における話し合い」といった用法において用いられるものである」と述べている［佐藤 2002: vi］。このことから佐藤（ら）は、「「言論」一般というよりは、「話し合い」と訳すのが適切と考え」ている［佐藤 2002: vi］。こうした方針に則って、佐藤は自らの著作の中でも「話し合い」という訳語を与えている［cf. 佐藤 2017: 第四章 n. 10］。本書では、こうした佐藤（ら）と同様に「話し合い」という言葉を充てている。というのも、第二章で取り上げることになる、アレントが論じたあらゆる場所で生起した「評議会」に着目すると、「言論」ではなく、「話し合い」という言葉の方が適切なように思われるからである。アレントは、「評議会」の唯一の設立条件に「いくぶんかの人々が集まり、ともに行為すること」のみを挙げている〔TI: 30f.; OT2: 499f.〕。こうしたアレントの「評議会」に関する議論を踏まえたとき、speech / Sprache は場所を限定せずに人々が集まって「話し合う」ことと理解するのが適切なように思われる。以上の理由から、本書では、「話し合い」という訳語を充てることにする。

第三に、「制作」について確認していきたい。本書において、「制作」と訳出する work / Herstellen という単語は、「行為」や「話し合い」と同様に志水が訳した『人間の条件』をはじめとしたアレント研究の中では「仕事」と訳出されることもある。『人間の条件』のドイツ語版にあたる『活動的生』を訳した森一郎は、「「仕事」や「活動」は、英語の含みを活かした優れた日本語訳だと思うが、ドイツ語からの訳語としては、より一般的な表現を採用し」、「制作」を訳語に充てている〔森 2015: 521〕。森は、『活動的生』における Handeln には、「行為」を充てているため、本書は森に倣って、work / Herstellen に対しては「制作」という訳語を用いることにする。

第四に、「単数の人間」と「複数の人間」について確認していきたい。すでに第一節から度々登場した内容が示していることからも明らかなようにこれらの術語は、この世界に存在している一人の人間や人々といった人間一般を指す言葉として理解することが求められる。したがって、これらの言葉は、セックスやジェンダー的な意味とは異なるものとして捉えることが必要となるだろう。その上で、アレントが単数や複数を明確に分けていることを表現するために、man / Mensch と men / Menschen は「単数の人間」と「複数の人間」という対の関係性にあることが鮮明に分かる言葉を充てた。

第四節　本書の構成

本書では、先に示した課題に対して五つの章と一つの補章の議論を通じて応答を試みることにする。以下では各章の概略を示す。

第一章では、アレントを「教育理論家」として位置づけるための準備として、彼女がこれまでの教育とは異なる新たな教育を思考する論者であることを示す。その際に手がかりとするのが、反出生主義という議論である。第一章では、この反出生主義に関わるいくつかの議論を検討し、その観点からアレントを理解していく。反出生主義に関わる議論に着目するとき、これまでの教育とアレントの論じる教育はある前提を必ずしも共有しないということが明らかになるだろう。ここに、アレントがこれまでの教育とは異なる新たな教育を思考しようと試みている論者であることを示す手がかりをみることができる。第一章では、こうした検討を通じて、アレントを「教育理論家」として再解釈する素地の整備を試みる。

第二章では、「教育理論家」としてアレントを再解釈するために、彼女の教育論における「保守的」な側面と「世界」の刷新に関する議論の間のつながりを彼女の論じる「自発性」の観点から明らかにすることを目指す。アレントは、「自発性」を「全体主義」や「政治」に関わる議論との関係のもとで論じる。第二章では、この「自発性」と、「全体主義」や「政治」の関係性を確認しつつ、彼女の教育論を理解していく。この作業からは、アレントの批判する近代教育、とりわけ、「進歩主義教育」と彼女の論じる「保守的」な教育論の違いを明確にすることが期待できる。第二章では、こうした検討を通じて、アレントがこれまでの教育とは異なる新たな教育を思考していたことを示す。

第三章では、アレントの論じる「保守的」な教育論を彼女の論じる「保守」と「革命」に関する議論の観点から理解することを試みる。アレントは、語源にさかのぼって「革命」という出来事を検討していく。この検討を通じて、アレントは「革命」を「保守」との関わりで理解しようと試みる。こうした「保守」と「革命」に関する議論に基づいてアレント教育論を眺めると、従来の先行研究で指摘されてきたものとは異なる、彼女の教育論における「保守主義」の独自性が詳らかになるだろう。第三章では、こうした検討を通じて、アレント教育論における「保守主義」が、これまでの教育における保守主義とは異なるものであることを明らかにする。

第四章では、アレントの論じる「行為」における「非主権性」に焦点を当てる。アレントは、ジャン・ボダンからトマス・ホッブズやジャン＝ジャック・ルソーへと流れる「主権」概念を批判し、それとは対置される「非主権性」に基づく「行為」を重視する。第四章では、第三章までに確認してきたアレントの「保守的」な教育論にこの「行為」における「非主権性」という観点から迫り、それに基づいた子どもと政治の関係性――〈子どもの政治〉――を描出する。このことを通じて、アレントの議論から導かれる「政治」教育の構想を明らかにすることに取り組む。

第五章では、それまでの章から導かれる「政治」教育の担い手の姿を描き出すことを試みる。アレントは、「教育の危機」において、「世界」との関わりの観点から「教師の資格」と「教師の権威」について論じる。第五章では、アレントの弟子であるジェローム・コーンとエリザベス・ヤング＝ブルーエルからみえる教師アレントの取り組みを手がかりとしつつ、「教育の危機」における「教師の資格」と「教師の権威」についての詳細な検討に取り組む。このことを通じて、これまでの章で取り組んだアレントの議論から導かれる「政治」教育の担い手の姿を描出することに取り組む。

補章では、アレントの「保守的」な教育論における「思考」と「行為」の重要性を土台にしつつ、それらの営みがどのような関係性にあるのかということを彼女の「政治」的道徳論を手がかりにして検討していく。アレントは、「全体主義」と結びついた「悪」という問題に対して、「思考」と「行為」という二つの営みの観点から応答を試みる。この二つの営みの関係性を検討した先に、「悪」をなすことから離れるとアレントが考える「道徳性」の内実の解明が見込まれる。補章では、こうした検討を通じて、アレントの「政治」的道徳論における「思考」と「行為」の関係性を明らかにし、それらの道徳教育に対する意義を考察することに取り組む。

終章では、本書の内容を概観した上で、「教育理論家」としてアレントを再解釈できるのかについて再度確認する。そして、それまでの章の検討から導かれる「政治」教育の観点からシティズンシップ教育や主権者教育を照射することを通じて、本書の意義や残された課題について述べて結ぶことにする。

註

（1）　本節におけるアレントの来歴に関する記述は、とくに断りのない限りこのヤング＝ブルーエルの仕事にしたがっている。アレントの生涯については、このヤング＝ブルーエルの緻密な仕事に基づく大著が詳しい。なお、近年、ケン・クリムスティーンによるフィクションや空想を交えた漫画という形でアレントの生涯は描き出されてもいる［cf. Krimstein 2018=2023］。ただし、こちらについては、訳者の百木漠が指摘するように、史実として曖昧な部分も見受けられる点があることは指摘しておかなければならないだろう。

（2）　たとえば、こうしたアレントの議論は、近年注目を浴びているポストヒューマンの議論と親和性を持つものとして、あるいは、先取りするものとして捉えることができるかもしれない。ポストヒューマンの議論に関しては、ロージ・ブライドッティを参照されたい［cf. ブライドッティ 2019］。

（3）「教育の危機」の初出は一九五八年秋号の『パルチザン・レビュー』である。この論文は後に『過去と未来の間』に所収された。本書での引用は、この『過去と未来の間』に所収されているものからになる。「リトルロックの省察」の初出は一九五九年冬号の『ディセント』である。この論文は、『責任と判断』に所収された。本書での引用は、基本的に断りがない限りこの『責任と判断』に所収されているものからになる。

（4）「リトルロックの省察」には、アレントの事実誤認がみられる。大形綾は、当時の史資料を駆使しつつ、リトルロック事件に対するアレントの理解と誤解の詳細な検討を行っている［大形 2017］。

（5）たとえば、キャサリン・ガインズは、「リトルロックの省察」だけではなく、アレントのあらゆる著作を横断的に検討しながら、彼女が一貫した黒人差別主義的な考えを持っていたと論じている［Katryn 2014］。

（6）アレントにおける「保守」がいかなる意味を有しているのかについての検討は、彼女の教育論の解釈を進める上で欠くことができないため、本書の全体を通じて明らかにすることとしたい。ただし、ここで確認したいのは、アレントの論じる「保守」と『コメンタリー』をはじめとしたアメリカにおける「保守」の間にはギャップがみられるということである。当時以降のアメリカにおける「保守」がどのようなものであったかについては佐々木毅や井上弘貴の研究が詳しい［cf. 佐々木 1993］［cf. 井上弘貴 2020］。こうした研究から明らかなのは、アメリカにおける「保守」は一枚岩ではなく、極めて多様化していたという事実である。そうした多様化した「保守」の中において、アレントの「保守」は独自の位置を占めていたように思われる。アレントは、一九七二年にトロントで彼女をゲストに迎えて開かれた「ハンナ・アレントの仕事」というカンファレンスで国際政治学者のハンス・モーゲンソーから立場――「保守派なのか？ リベラルなのか？」――を問われている［OH: 333］。それに対して、アレントは「分からない」と述べ、「私はそのような立場なるものを一度も持ったことがない」と言う［OH: 333］。その上でアレントはモーゲンソーに対して、「ご存知のように、左派によれば私は保守派であり、保守派によれば私は左派である」と述べている［OH: 333f.］。

（7）バーンスタイン以外にも見逃すことのできない著名な海外のアレント研究者は大勢いる。たとえば、アレントが勤めたニュースクール・フォー・ソーシャル・リサーチで働き、彼女のさまざまな著作でイントロダクションを執筆したり、編者を務めたりするジェローム・コーンやアレント研究の泰斗として位置づけられるマーガレット・カノヴァン［cf. Canovan 1992=2004］なども挙げなくてはならないだろう。また、Routledge Philosophers のアレントを担当したデーナ・ヴィラも欠くことはできない［cf. Villa 2021］。このヴィラによるアレント研究の動向整理からは学ぶことが多い［Villa 1996=2004］。このようにアレント研究者の名前を列挙し始めたらいくら紙幅があっても足りない状況であると言えよう。このことは、海外の話に限らず日本国内においても同様である。こうした日本の動向（それに加えてもちろん海外の動向）については、日本におけるアレント研究の泰斗である川崎修の仕事を確認されたい［cf. 川崎 2010a; 2010b］。

（8）近年、国際的に注目を浴びているジョルジョ・アガンベンやジュディス・バトラー、ジャック・ランシエールもアレントから多くのことを学び、彼女の議論を批判的に読解することを通じて独自の理論を構築している。当然、ユルゲン・ハーバーマスも忘れてはならない——もちろん、まだまだ挙げなくてはならない人物は大勢いる。こうしたアレントを受容した論者の議論は、さまざまな領域で更なる検討の対象となっている。

（9）アメリカでは、ニューヨーク州にあるバード・カレッジ（Bard College）に付設するハンナ・アレント・センター（正式名称は Hannah Arendt Center for Politics and Humanities）が毎年秋にハンナ・アレント・カンファレンスを開催している。同センターは、その設立を担ったロジャー・バーコヴィッツを中心にして、カンファレンス以外にもジャーナルを発行するなど国際的なアレント研究の中心的な役割を果たしている。他には、アレントの生誕一〇〇年を記念して開催したカンファレンスを基にした研究書［cf. Berkowitz, Katz and Keenan 2010］の出版も行うなど精力的に研究を行っている。また、ドイツでは、オルデンブルグにあるカール・フォン・オシエツキー大学の哲学研究科にあるアレント研究センター（正式名称は Hannah Arendt-Zentrum）が国際学会やプロジェクトを開催するなどしている。以上の説明は、百木と阿部里加の仕事を大いに参考にしている［cf. 百木・阿部 2020］。

（10）イングランドにおける近年の教育政策を批判的に検討する際の有効な手がかりとしてアレントを位置づけるへ

レン・ガンターの仕事もこの潮流の一部分として捉えることができるだろう［cf. Gunter 2014=2020］。このガンターの著書は、末松裕基・生澤繁樹・橋本憲幸らによって二〇二〇年に春風社から邦訳が出されるなど、日本の教育学領域からも注目されている。また、*Journal of Educational Administration and History* では、二〇一六年の第四八巻第二号で「ハンナ・アレント没後四〇年――教育行政について考える」と題した特集が組まれている［cf. Veck and Jessop 2016］。こうした研究状況からも明らかなように、アレントは教育行政学分野においても一定の注目を浴びているのである。

（11）本論集では、この他にアレントのかつての弟子であるヤング＝ブルーエルとコーンの間の往復書簡が収められている［cf. Young-Bruehl and Kohn 2001］。この往復書簡の中身については、第五章で検討する。

（12）本書の関心とは離れるため主題的に扱うことはしないが、池谷壽夫［池谷 2000］、平井悠介［平井 2002］、野平慎二［野平 2006］、小野文生［小野 2022］なども含めると、日本においても教育学の観点からアレントについて言及したものは多岐にわたる。

（13）教育学から離れた研究領域においてもアレント教育論についての検討は試みられている［森 2007］［三浦 2007］［井上達郎 2017］［大形 2017］［林 2023］。

（14）石田雅樹は、従来の教育学におけるアレント受容の意義を認めつつも、「元々のアーレントの思想的枠組みや問題認識との整合性、端的に言えば「政治」と「教育」とを切り離すアーレントの立場が十分に考慮されてきたとは言い難い」と指摘する［石田 2023: 9］。石田は、この峻別の観点からアレントにおける教育の公共性の可能性を読み解こうとしている［石田 2023］。本書は、こうした石田の問題関心を共有しつつも、彼が目指す方向性とは異なる立場を採る。つまり、本書は、石田が指摘するアレントの立場を受けとめつつ、彼女の論じる「政治」と彼女の教育論を重ねて読み解くことを通じて、アレントの教育理論の内実解明を目指す。

（15）なお、本書では、アレントの論じる意味で「政治」という言葉を用いるときには鍵括弧（「　」）を付し、それ以外の（一般的な）意味で政治という言葉を用いるときには引用の場合を除いて基本的に鍵括弧を付さない。このように本書では、アレントが述べる意味での「政治」とそうではない意味での政治を明確に区別して論じることにする。

第一章　出生をめぐる議論をつなぐアレント

――「教育理論家」として理解するための準備

第一節　反出生主義が教育にもたらした問い

序章で確認してきたようにアレントは、これまでの近代教育――彼女の言葉に倣えば「進歩主義教育」――とは異なる新たな教育を思考する。そのためには、これまでの教育という営み、あるいは、教育学（本章では以下、教育（学）とする）が前提としてきたような議論を問い直したり、あるいは、そうしたものを拠り所としない議論枠組みの構築が求められたりすることになる。その上で、そうしたものとは異なる独自の視点や新たな視点で教育について語り始めることが要請される。このことが実現したとき、アレントを「教育理論家」として捉えることが可能になるのかもしれない。本章では、アレントを「教育理論家」として位置づけるための準備として、彼女がこれまでの教育（学）が前提としてきたこと――生まれることの「良さ」――を前提とせずに教育を考えている論者であることを示す。そのために、本章が着目するのは、反出生主義（Anti-Natalism）という議論である。

二〇一七年、南アフリカの哲学者ディヴィッド・ベネターが二〇〇六年に著した*Better Never to Have Been: The Harm of Coming to Existence*の翻訳、『生まれてこないほうが良かった――存在してしまうことの害悪』(以下、『生まれてこないほうが良かった』)が小島和男と田村宜義によってすずさわ書店から出版された。(1)この著作は、反出生主義という「人間は生まれてこないほうが良い、と考える立場の総称」として理解される言葉を世界中に広めるきっかけとなったと言われている[戸谷 2019: 44]。

『生まれてこないほうが良かった』が二〇〇六年に発表されて以降、分析哲学および英米哲学の土壌ではベネターが論じるロジックに対する成否への評価を含めた多様な議論が展開されている。(2)しかし、このベネターの議論の影響範囲は、分析哲学や英米哲学の領域に留まらない。とりわけ、日本の文脈では、二〇一九年一一月号の『現代思想』において、「反出生主義を考える――「生まれてこないほうが良かった」という思想」と題した特集が組まれるなど、研究領域の広がりを確認することができる。そして、こうした研究領域の広がりは、教育学の領域においても認めることができるだろう。筆者らが行った共同研究では、反出生主義をめぐる議論を次の三つに分類した上で、それらの議論に対して教育学がいかなる応答をしてきたのか/しえていないのかについての整理を試みた[cf. 田中ら 2022]。

一つ目は、あらゆる人間が有する受苦性に着目した「実存的反出生主義」と呼ぶものである[田中ら 2022: 31f.]。これまでの教育学では、この受苦性をみつめつつ、「そこからどのような人間形成や教育が可能なのか」ということについての検討が試みられてきた[田中ら 2022: 30]。二つ目は、格差や差別などの社会的条件のもとで感じる個々の人間によって強弱の度合いが分かれる受苦性に焦点を当てる「社会的反出生主義」と呼ぶものである［田中ら 2022: 30f.］。この「社会的反出生主義」への応答は、教育社会学を中心とした領域で一定の蓄積をみることができる［田中ら 2022: 31］。三つ目は、この地球に「人類は生まれてきてよいのか」あるいは「人類を産み落としてよいのか」という人類の活動や存在の質的な変化を背景にして展開される「地球史的反出生主義」と呼ぶものである［田中ら 2022: 32］。この「地球史的反出生主義」は、「実存的反出生主義」や「社会的反出生主義」とは位相を異にし、「人類」の存在が問いの対象となる［田中ら 2022: 32ff.］。そのため、「人類」を前提としている「教育学の存在意義や理論的基盤」についての再考を迫る［田中ら 2022: 32f.］。

この三つは、「実存を規定する条件として社会が、社会を規定する条件として地球史的状況が存在する」という「入れ子構造」の関係にある［田中ら 2022: 34］。したがって、それぞれの状況が変化すれば、他の状況への応答の変化が求められる。そのため、「地球史的反出生主義」が提起する問いは教育学の根幹に関わる「新しい」ものとして受け止めた応答が要請される［田中ら 2022: 34］。筆者らの試みから明らかなように、教育学の領域で蓄積されてきた諸研究は、この三つの反出生主義をめぐる議論に対する一定程度の応答可能性を探るものとして理解することができるだろう。

これらの諸研究は、人間が生まれることの「良さ」(3)を暗黙の前提に据えた教育（学）に基づいている。しかし、反出生主義に対する教育（学）の応答可能性を考えるためには、そもそも反出生主義を前提に据えたとき教育（学）がいかなるものとして捉えられるのかについての検討を不可欠とする(4)。そして、この検討を経た先に、反出生主義に応答しうる教育（学）について思考することが可能となるように思われる。

以上を踏まえて本章では、「人間は生まれてこないほうが良い」と主張する反出生主義に関わるいくつかの議論の検討を通じて、反出生主義に応答しうる教育（学）の一端を明らかにすることを目指す。そのために以下の課題に取り組む。まず、「人間は生まれてこないほう良かった」という考え方を広めたベネターの議論の観点から教育（学）について検討を行う（第二節）。次に、ベネターをきっかけにして、「生まれてこないほうが良かった」と考えられる人間が歩む生に関する議論を確認する（第三節、第四節）。最後に、その人間が歩む生に寄り添う教育の可能性についてアレントを手がかりとしつつ検討することを通じて、反出生主義に対して応答しうる教育（学）について考える（第五節、第六節）。

第二節　あらゆる教育（学）は害悪なのか

ベネターの「反出生主義」のロジック

ベネターは、現代英米圏の分析哲学の土壌に身を置き、緻密な論理の組み立てを通じてあらゆる人間が「生まれてこないほうが良かった」と主張する［Benatar 2006=2019］。ベネターがこのように主張する背景には、「ある人の人生におけるさまざまな良いことが、それがない人生よりもその人生をより良く進ませるとしても、それらの良いことがなくなったってその人は何も奪われたことにはならない、その人がそもそも、生まれ存在していなければ」という彼の「洞察」をみてとることができる［Benatar 2006: 1 = 2017: 9］。

ベネターは、あらゆる人間が存在する状況と存在しない状況を比較した上で、生きている人間は存在することがなければ降りかかるはずのない「害悪（harm）」を被る可能性があると述べ［Benatar 2006: 1 = 2017: 9］、あらゆる人間は「生まれてこないほうが良かった」と論じる。このベネターの「反出生主義」は、彼が「基本的非対称性」と呼ぶ「快（pleasure）」と「苦（pain）」の非対称的な関係性に関する次の議論から導かれる［ベネター

2019: 40］。

（一）苦の存在は悪い、そして

（二）快の存在は良い。

しかしながら、このような対称的な評価は、快と苦が存在して い な い こ と には当てはまるようには思われない。というのは、次のことが真であるという強い印象が私にはあるからだ。

（三）苦の不在は良い。たとえその良さを享受している人が誰もいなくても、しかし

（四）快の不在は、こうした不在がその人にとって剝奪を意味する人がいない場合に限り悪くない。

［Benatar 2006: 30＝2017: 39　強調原文イタリック］

（一）と（二）には対称性をみることができる。しかし、先ほどの「洞察」からも明らかなように、「快」の不在を悪く感じる人間がいない場合に限ってそれは悪くないとベネターは考えるため、（三）と（四）は非対称的な関係に置かれる。この「快」と「苦」の「基本的非対称性」に関する議論に基づいてベネターは、新たな存在を産む側は苦痛を被る可能性のある人々を存在させない「義務」(5)を有するという彼の「反出生主義」の論理を構成するのである［Benatar 2006: 32＝2017: 41］。

ベネターのロジックから教育（学）をみる

では、この「快」と「苦」の「基本的非対称性」に関する議論は教育（学）に対していかなる視点を付与する

のか。ベネターが「基本的非対称性」の図式に基づいて「反出生主義」を導く際に注目するのは、新たに生まれる存在が被ると予測される苦痛の可能性である。この図式の視点から教育（学）を眺めるとき、ある存在にとって教育（学）が苦痛をもたらす可能性があるかどうかが問われることになる。

ある存在にとって教育（学）が苦痛をもたらす可能性を有していることについては、これまでの教育学の研究領域においても度々指摘されてきた。たとえば、ドイツ語圏を中心にして一九七〇年代から一九八〇年代に展開された「反教育学（Antipädagogik）」という議論はそうしたものとして捉えることができるだろう[6]。この主張の核心は、「端的にいえば、教育そのものが人間／子どもをだめにしているという、教育一般への批判であり、断罪である」と言われている［下地ら 1990: 2］。こうした「反教育学」からの告発は、教育（学）が人々に苦痛をもたらすものとなっていることを示しているのかもしれない。

また、「教育の必要性」や「教育の適時性[7]」などといった、「ヒトは教育によって人間になる、その失敗例」［西平 2005: 25］として語られるカマラの物語もそうしたものとして理解することができるかもしれない。西平直は、「カマラは人間になりたかったのか」あるいは「なりたくもないのに、人間になるように「教育」されたのか」、「教育は彼女を幸せにしたのか」と問いかける［西平 2005: 4］。その上で西平は、カマラが感じていたことや望んでいたことなどを彼女の「内面」に寄り添って考えることを提起する［西平 2005: 5］。こうした事例は教育（学）が、ある存在に対して苦痛を与えることに貢献してしまっているということを示す証となっているのではないだろうか。

ベネターの「反出生主義」の土台となる快と苦の「基本的非対称性」の議論を前提としたとき、ある存在が感じる苦痛の可能性の除去ができない限りにおいて、教育はしないほうがよかった／受けないほうがよかった、となるのかもしれない。ここにおいて、教育（学）は、否定の対象となる。この「基本的非対称性」の議論では、「苦」は存在していないことが前提となる。しかし、現実は、「苦」を感じる人がいるのであり、「苦」は存在する。「快」と「苦」の「基本的非対称性」の議論では、「苦」が存在することは射程に含まれない。では、「苦」が存在することに対して反出生主義に関わる議論はいかなる応答を果たすのか。このとき、教育（学）は否定の対象となるのか。次節では、この検証の前段階として、もう少しベネターの議論を追いたい。

第三節　死や自殺は（つねに）望ましいのか

「生まれてこないほうがよかった」というベネターの主張が正しいかどうかは分からない。それは、本章の第一節で確認したように、ベネターの「反出生主義」のロジックの成否をめぐって多様な議論が展開されているという事実からも明らかである。

しかし、ベネターの主張に限らず反出生主義という言葉が注目を集めていることを考慮すれば、苦痛を被る、あるいは、苦痛を被る可能性を有する人々が生まれ続けているということも事実としてあるように思われる。このことに関して、ベネターは自らの「反出生主義」が「正しい」としてもそれを「多くの人が喜んで受け容れてくれることはないだろう」と述べ、「多くの人が子どもを持つのを止めることも全然ありそうにない」と指摘している [Benatar 2006: 225=2017: 232]。では、ベネターは、すでに誕生している苦痛を被る可能性を有する人間とどのように向き合うのか。

興味深いことにベネターは、苦痛を被る可能性を有する人間が存在し続けることと、そうした人間が死を選択することを秤にかけた上で、「死が存在し続けるよりも良いということや、自殺が（つねに）望ましい」とは言わない［Benatar 2006: 212=2017: 220］。というのも、人間は「存在してしまわないほうが良いと言えるほど悪いかもしれないが、存在し続けるのを止めた方が良いと言えるまでは悪くないかもしれない」からである［Benatar 2006: 212=2017: 220］。なぜ、人間が「存在し続けるのを止めた方が良いと言えるまでは悪くないかもしれない」のか。この問いに対してベネターは、人々が有するさまざまな「利害関心（interests）」に焦点を当てて応答を試みる［Benatar 2006: 213=2017: 220］。

ベネターによると、「存在者は存在し続けることについてさまざまな利害関心を持ちうる」という［Benatar 2006: 213=2017: 220］。そのため、「人生を続けるに値しないものにする害悪はそうした利害関心を無効にするのに十分なほど深刻でなければならない」のである［Benatar 2006: 213=2017: 220］。先に確認してきたベネターの主張の要諦は、ある存在が被る苦痛およびその可能性を避ける点にあった。つまり、あらゆる存在があらゆる害悪を避けることは極めて重要となる［Benatar 2006: 213=2017: 220］。この議論を踏まえたとき、死が害悪であるという考え方は、存在者が「存在し続けることに利害関心を（通常は）持っているから」こそ可能になるのである［Benatar 2006: 213=2017: 220］。

たしかに、死が害悪であるというのは、「存在してしまうことが害悪である理由を部分的に説明」するかもしれない［Benatar 2006: 213=2017: 220f.］。というのも、存在してしまうことが悪いのは、存在を止める死という害悪に行き着くからである［Benatar 2006: 213=2017: 220f.］。ここでベネターは、「存在している限りその人は死んでいないし、死が来た時点でもうその人は存在していない」から人は死を経験できない、と述べて「死が害悪であることへの反論」を展開したエピクレス、および、彼の議論を発展させたエピキュリアンとそれに対する批判の両方の検討を試みる［Benatar 2006: 213ff.=2017: 220ff.］。その上でベネターは、「死は害悪である場合もあるし、利益である場合もある」という立場を採ると述べて議論を続ける［Benatar 2006: 218ff.=2017: 225ff.］。

ここでベネターは、自殺についての考察を展開する。ベネターは、「多くの人の人生が実際に存在するのを止めた方が良いほど悪くなった場合」において、自殺が「合理的である可能性、および、存在し続けるより合理的でさえある可能性を認める」と述べている［Benatar 2006: 219=2017: 227］。

しかし、ベネターは、自殺が合理的にみえるとしても、すでに確認したように「(つねに) 望ましい」とは考えない。というのも、「自殺は、他の原因による死と同様、残された人たちの人生をとても悪いものにする」からである［Benatar 2006: 220=2017: 227］。自殺は、自殺する人間を「愛し大事に思っている人達に計り知れない程の苦痛を引き起こす」ことになる［Benatar 2006: 220=2017: 228］。このことからベネターは、「人生は悪いかもしれないが、自殺をすることで自分の家族や友人の人生を今までよりもはるかにずっと悪くするのが当然だと言えるほどには、悪くないかもしれないのである」と述べる［Benatar 2006: 220f.=2017: 228］。

以上の議論に、「死が存在し続けるよりも良いということや、自殺が (つねに) 望ましい」とベネターが考えない理由をみてとることができる。では、死を選ばないとすると、すでに誕生している苦痛を被る可能性を有する人間はいかにして生を歩めば良いのか。次節ではこの点について考えていきたい。

第四節　生が良いのか悪いのか分からない中で生きる

先の問いに対してベネターは、二〇一七年に発表した著書『人間の苦境――人生最大の諸問題への率直なガイド――（*The Human Predicament: A Candid Guide to Life's Biggest Questions*）』の中で一つの応答を提示する。それは、人生を通して降りかかる苦境を上手く潜り抜けるという「プラグマティック・ペシミズム」の立場を採用するという案である［Benatar 2017: 207ff.］。ベネターは、個々の人間がこの立場を採用することで苦痛を被る、あるいは、そうした可能性を有する生の歩む道を照らしだす。

たしかに、ベネターの議論は説得的で、彼の生は悪いものであると主張するロジックを崩すことは難しいかもしれない。しかし、生が良いか悪いかは誰にも分からない。生は良いかもしれないが良くないかもしれない。あるいは、生は悪いかもしれないが悪くないかもしれない。『生まれてこないほうが良かった』の訳者で知られる小島は、ベネターの生が悪いものであるという考え方には同意しつつも、彼の考えは「分が悪い」と述べる［小島 2019: 89］。そして小島は、ベネターよりも議論の射程を広げ、分が良いとする「生が良いのか悪いのか分からない」ことを前提とする「生の価値に関する不可知論」と呼ぶ議論を展開する(8)［小島 2019］。

この「生の価値に関する不可知論」と呼ぶ考え方は、『ソクラテスの弁明』でプラトンが描くソクラテスに由来する。「生の価値に関する不可知論」は、「ソクラテスより知恵のあるものは誰もいない」というデルフォイの神託をめぐってソクラテスが行った、知恵があるとされた人々との対話から導かれるのである［cf. プラトン 2012］。対話を経たソクラテスは、知恵があるとされる人々と自らを比較した上でよく知られている次のような結論にたどり着く。

「私はこの人間よりは知恵がある。それは、たぶん私たちのどちらも立派で善いことを何一つ知ってはいないのだが、この人は知らないのに知っていると思っているのに対して、私のほうは、知らないので、そのとおり、知らないと思っているのだから。どうやら、なにかそのほんの小さな点で、私はこの人よりも知恵があるようだ。つまり、私は、知らないことを、知らないと思っているという点で」と。［プラトン 2019: 32f. 強調原文］

小島は、「ソクラテスのいわゆる「無知の自覚」から分かるのは、人間は何が良いか悪いかを論じることはできるが、ソクラテスの会った人々の中にはそういったことについて決定的な知恵を持つ人はいなかった」点にあると言う［小島 2019: 87］。このことから小島は、「「存在しないほうが存在することよりも良い」かどうかに関しては、少なくとも今のところは「分からない」」ということを前提とする「生の価値に関する不可知論」を提案する［小島 2019: 87］。この議論に基づけば、全知全能の神の視点を除いては、生まれてくることの良し悪しを知る者はいない(9)。そのため、子どもを産むことは、「推奨すべきことでも禁止したり責めたりするようなことでもな」くなる［小島 2018: 87］。

しかし、ベネターの「反出生主義」のように、良し悪しが分からないならば、害悪を避けるためにそもそも存在しない方が良いと反論することが可能であるとし、そして、それは論理的に正しいのかもしれないとも小島は述べる［小島 2019: n. 20］。ここで本書が注目するのは、小島の論理の成否ではなく、彼が論じる「義務」である。「生の価値に関する不可知論」を前提にするとき、「「生まれてくること」は良いかもしれないし、悪いかもしれない」ということは分からない［小島 2019: 87］。この議論に基づいて小島は、「「生まれてくることが良い」ということが正しいとは必ずしも言えなくなるため(10)、我々は未来の世代を作り社会を持続していくにあたって、その未来の世代がよりよく暮らせるようにする義務が生じるであろう」と述べる［小島 2019: 87］。

小島によるとこの「義務」は、反出生主義の立場を採ることによって論理的な根拠づけが可能となる［小島 2019: 85f.］。なぜならば、「存在しないほうがいいのに生まれさせられてしまっているのだから、未来の世代は端的に生まれさせたことに関して文句を言うことができる」からである［小島 2019: 85］。以上より未来世代は、我々に対して自らがより良く暮らせるようにすることを要求することが可能になる、と小島は考える。

では、この小島が論じる「義務」の内実はいかなるものなのか。当然、それはさまざまなものを想定することができる。たとえば、教育（学）もそうしたものの内の一つとして考えられるだろう。では、教育（学）には何ができるのか。

第五節　教育（学）が有する両義性を自覚する

苦が存在するとき、「基本的非対称性」の図式に則って教育（学）を否定することはできない。前節の議論を踏まえるのならば教育（学）が、「未来の世代がよりよく暮らせるようにする義務」の観点に立って何ができるのかということを思考することは重要な課題となろう。

しかし、あらゆる教育（学）が、無批判に称揚される訳ではない。というのも、「反教育学」やカマラの事例が示しているように、ある存在に対して教育（学）が苦痛をもたらすかもしれないからである。教育（学）は、未来世代が感じ（う）る苦痛や苦境の除去、あるいは、彼らが「よりよく暮らせる」ような「義務」を果たす役割が課される。この限りにおいて、教育（学）は、反出生主義に対して応答しうることが見込まれる。

では、こうした教育（学）はいかにして考えることができるのか。このことを考える上で、カマラの物語の検討を試みる西平からは学ぶことが多い。というのも、西平は、「教育はカマラを幸せにするとは限らない、にもかかわらず、教育を放棄しても、問題は解決しない」と述べ［西平 2005: 28］、教育が有する両義性を捉えていたように思われるからである。西平は、カマラが感じた（と思われる）苦痛に着目して次のように述べる。

カマラに人間性を回復させた〈教育的営み〉を大切にするのと同じだけ、カマラと共に過ごした〈母親狼の営み〉を大切にしたい。少なくとも、その痛みを覚えておきたい。あるいは、牧師夫婦の献身的な努力を存分に評価するのと同じだけ、実はその努力が、裏から見れば、カマラから何を奪うことになったのか。カマラの大切な何かを決定的に傷つけたのか。その痛みを自覚しておきたいということである。［西平 2005: 34］

西平は、カマラが痛み（苦）を感じた、あるいは、感じたのかもしれないという点に自覚的であることを求める。では、カマラに対して教育（学）は何もしない方が良いのか。西平はそのようには考えない。西平は、「仮に、教育という営みが、不可避的に抑圧であり、暴力であるとしても、ではそこから手をひいて、何もしなければ、それで良いのか」と問う［西平 2005: 28］。このように西平は、教育（学）が有する両義性のジレンマを引き受ける立場に留まることを主張する［西平 2005: 28］。本章では、この西平の主張を受け止めつつ、反出生主義に応答しうる教育（学）を思考するために歩みを進める。次節ではこうした教育（学）の一端について考えていきたい。

第六節　反出生主義に応答しうる教育（学）

――出生をめぐるアレントの議論を導入する

古代ギリシアにおける反出生主義に応答するアレント

人生をより良く進ませたり、人がより良く暮らしたりするために教育（学）は何ができるのか。反出生主義に対して教育（学）は何ができるのか。この問いに対する応答を考えるために本節では、アレントの議論を参照する。というのも、アレントは、主著の一つとされる『革命について』の末尾で、「この世に生を享けないのが、すべてにまして、いちばんよいこと、生まれたからには、来たところ、そこへ速かに赴くのが、次に一番よいことだ」(11)［ソポクレス 1973: 72］、という『コロノスのオイディプス』に登場する詩を持ち出してそれへの応答を試みているからである［OR: 285=443f.］。アレントはこの詩を引用した後に次のように述べて著書を結ぶ。

しかしソポクレスは、アテナイの伝説的な創設者であり、したがって、その代弁者であったテセウスの口を通して、何が老若ふつうの人々を生の重荷に耐えさせたのか、ということも私たちに教えてくれている。それは複数の人間の自由な行いと生きている言葉（men's free deeds and living words）の空間、ポリスであった。それが生に輝きを与えることができたのであった。［OR: 285=443f.］

アレントが「生に輝きを与えることができたのであった」と訳出したテセウスの言葉は、高津春繁訳の『コロノスのオイディプス』では「わたしは自分の生涯を行為よりは言葉で飾ろうと思ってはいない」となっている［cf. ソポクレス 1973: 68］。このアレントによる解釈の妥当性については、森が述べるように判断しかねる［森 2022: 第6章、n. 12］。ここにおいて、本書が着目するのはこのアレントの解釈の妥当性ではなく、彼女が古代ギリシアの「老若ふつうの人々」が有する「生の重荷」を耐えさせるものに「複数の人間の自由な行いと生きている言葉の空間」としての「ポリス」を見出したという点である。

もう一つの主著である『人間の条件』の中でアレントは、「ポリス」を「ある一定の物理的空間を占める都市国家ではない」と述べた上で、「ともに行為し、語る（acting and speaking）ことから生まれる人々の組織」であると述べる［HC: 198=320］。アレントは、「人々の組織」である「ポリス」において、人々が「ともに行為し、語る」ことこそが、『コロノスのオイディプス』に登場する詩に表現されていた、古代ギリシアにおける反出生主義とも言うべき人々が背負う「生の重荷」を耐えさせたのであると考える。では、アレントは、人々が「ともに行為し、語る」という営みをどのようなものとして理解しているのか。本節では、この営みが人間にとっていかなる意味を持ちえたのか、という観点からアレントの議論にもう少し迫ることにする。

人々が「ともに行為し、語る」という「行為と話し合うことがともに成り立つ基本的条件」[12]に「人間の複数性」がある［HC175=286］。序章で確認してきた内容とも関わるが、『人間の条件』の中でアレントは、この「複数性」が「地球上に生き世界に住むのが**単数の人間**ではなく、複数の人間であるという事実」に対応すると述べる［HC: 7=20］。地球上に生きる人間は、「人間であるという点ですべて同一でありながら、誰一人として過去を生きる、現在を生きる、そして未来を生きる人間と決して同一であることはない」、という唯一の存在である［HC: 8=21］。このような多種多様な「複数の人間」による「行為」は「政治体の創設や維持」をなす［HC:

8f.=21]。この「行為」の内実については、次章以降にてさまざまな観点から論じるため、本章ではこれ以上深入りしないこととする。

ここに、「生の重荷」を耐え、自らの「生に輝きを与えることができた」とアレントが述べる営みの内実が明らかとなる。その営みとは、「政治体の創設や維持」を試みる「行為」である。「生の重荷」を背負って生まれてくる人間は、自らが生きる「政治体」を維持したり、創設したりするといった「行為」を通じて、その生に輝きを与える。このことは、人間が自らの生きる場において人生をより良く進めることと言い換えることができるだろう。アレントは、古代ギリシアにおける反出生主義を受け止め、それに対する一つの応答として「複数の人間」がなす「行為」にその可能性をみていたと考えられるのである。(13)

反出生主義に対する応答としての教育（学）

以上の議論は、アレントの教育論とも密接な関係にあると推察される。詳しくは次章で確認することになるが、アレントは、近代教育、とりわけ、一九五八年に当時のアメリカで流行していた「進歩主義教育」に対する批判とそれに対置する自らの教育論を論文「教育の危機」の中で展開する［cf. CE］。序章でも引用したように「教育の危機」でアレントは、「政治体」を含めた人々が生きる場のことを「世界」と表現した上で、「子どもに共通世界を刷新する使命への準備を前もってさせる」ことを教育に課して同論文を結んでいる［CE: 193=264］。

このことを踏まえたとき、アレントの論じる教育では、「生の重荷」を背負って生まれてくる子どもが、自らの生きる「世界」を刷新することを通して、自らの生に輝きを与えることができるような「準備」としての役割が課される。アレントは、「生の重荷」を背負って生まれた人間が自らの生きる「世界」で人生をより良く進めたり、よりよく暮らせたりするような「準備」としての役割を教育に求めるのである。本書では、この後の章を通じて、この「準備」としての教育の内実の詳細な検討に取り組む。本節では、その検討の前段階として、もう少しこの「準備」の意味を追うことにする。

この「準備」としての教育は、「生の重荷」を背負って誕生する子ども当人にとって極めて重要な意味を持つことになる(14)。アレントが「教育の危機」の中で、「旧いものである〔大人の〕私たちが、そのあり様を規定するように新しい人々〔としての子ども〕を意のままにしようとすれば、私たちはすべてを破壊する」と述べているように［CE: 189=259］、「準備」としての教育は、大人ではなく、新しい人々である子ども当人に利するものであることが求められる。この「準備」としての教育では、古代ギリシアにおける反出生主義の議論を受け止めつつ、子ども自らの生きる「世界」で自らの人生をより良く進めたり、より良く暮らせたりすることを可能にすることが求められる。このようなアレントの論じる教育に、反出生主義に応答する教育（学）の一端を見通すことができるのかもしれない(15)。以上の議論を踏まえたとき、アレントは、生まれることの「良さ」を前提としない形で教育について考えていたということが示されるのである。

第七節　生まれることの「良さ」を前提としない新たな教育を思考するアレント

本章では、反出生主義に対して応答しうる教育（学）の一端を明らかにすることを目指してきた。そして、アレントの論じる教育にそうした教育（学）の一端を見据えることができるということを明らかにした。ここで、本章のこれまでの議論を振り返る。

まず、ベネターの「反出生主義」の議論の土台を構成する、「快」と「苦」の「基本的非対称性」の観点から教育（学）を検討した。ベネターの「反出生主義」では、苦痛の可能性が想定される場合において、教育（学）は否定の対象となりうる。

しかし、苦痛は存在し、苦痛を感じる人間も生まれ続ける。ベネターは、こうした事実を受け止めつつも、生まれてくる人々がつねに死や自殺を選択することは望ましいと考えない。では、苦痛を感じる人々はいかにして生を歩めば良いのか。ここで、ベネターのロジックよりも射程を広げた小島の「生の価値に関する不可知論」の検討を行った。この議論に基づけば、生まれてくることの良し悪しは誰にも分からない。そのため、生まれてくることの良し悪しが分からない中で誕生する未来世代に対して、先行世代は「よりよく暮らせるようにする義務」を果たすことが課される。

続けて、この「よりよく暮らせるようにする義務」に対して、教育（学）が応答しうるのかについての検討を行った。この検討から明らかになったのは、あらゆる教育（学）が称揚される訳ではないということである。このことに自覚的でありつつ、反出生主義に対して応答しうる教育（学）は思考することができるのか。この問いに応えるため最後に、古代ギリシアにおける反出生主義を受け止め、「行為」という営みにその応答可能性を見出したアレントの議論の検討を行った。アレントは、人々が「行為」を通じて、自らの生に輝きを与えること——人生をより良く進めたり、より良く暮らしたりする——ができると考える。アレントは、こうしたことの「準備」としての役割を教育に期待する。反出生主義に応答しうる教育の一端は、こうしたアレントの論じる「準備」としての教育にみることができるのかもしれない。以上を踏まえたとき、アレントは、生まれることの「良さ」を前提とするこれまでの教育とは異なる、生まれることの「良さ」を前提にしない新たな教育を思考する論者として理解することが可能となるのである。

「人間は生まれてこないほうが良い」という反出生主義を前提とするとき、新たに生まれてくる存在に対する教育（学）からの応答は極めて重要となろう。というのも、「生まれてこないほうが良い」にもかかわらず生まれてくる新たな存在には、彼らが生きる場で自らの人生をより良く進めたり、より良く暮らせたりすることを求める根拠が生ずるからである。このことは、生まれてくることの「良さ」を否定することによって明確となる。これまでの本章の議論からも明らかなように教育（学）は、すべてが肯定される訳でも、否定される訳でもない。このことに自覚的でありつつ、反出生主義に応答する教育（学）を思考することが求められるのである。

そして、こうした議論は、生まれることの「良さ」を前提にしてきたこれまでの教育（学）に関する議論を批判的に検討し、それとは異なる新たな教育（学）に関する議論を思考する際の理論的基盤になることが見込まれる。生まれることの「良さ」を否定する視点に立つとき、そうした中で生まれてくる新たな存在にとって教育（学）は極めて重要な役割を担う。反出生主義は、生まれることの「良さ」を前提としない新たな教育（学）を思考する際の重要な土台となるのである。ここに、これまでの教育――アレントが対象とするのは当時のアメリカで進められていた「進歩主義教育」――とは異なる新たな教育を思考する「教育理論家」として彼女を解釈し直す素地が整ったように思われる。

では、このアレントの論じる「準備」としての教育の内実はいかなるものなのか。次章以降では、アレントの論じる「政治」に関わるさまざまな議論の観点から彼女の教育論を詳細に検討することにする。さしあたり、次の第二章では、「政治」における「自発性」をキーワードにして、アレントが批判する近代教育、とりわけ、「進歩主義教育」と彼女の論じる教育の違いについて確認していきたい。

註

（1）具体的な論者の議論ではなく、この定義に則して反出生主義という言葉を使用する場合は「　」を付さない。

（2）ベネターのロジック自体の批判的検討［Boonin 2012］や彼の論理を補強する研究［Weinberg 2012］をはじめとして熱心に取り組まれている。ベネターのロジックについては次節で詳細に検討する。

（3）本章の議論における「良さ」あるいは「悪さ」といった価値判断のレトリックは次節にて詳述するベネターの議論によるものとする。

（4）生まれることの「良さ」に対する反出生主義からの異議申し立てを引き受けた教育学での議論構築の必要性は指摘されている［cf. 小島ら 2021］。しかし、管見の限り、反出生主義の観点から教育（学）そのものを検討する試みはない。

（5）この「義務」は人間に限らず動物も含めたあらゆる存在に適応可能であるとベネターは考えている［Benatar 2006: 2＝2017: 10］。

（6）ドイツの「反教育学」については下地秀樹と太田明による研究が詳しい［下地ら 1990］。

（7）カマラは、その妹とされるアマラと共に狼に育てられた存在としてよく知られている。ベンガル出身のインド人であるヨセフ・シング牧師とその妻が施した二人に対する献身的な世話については、牧師が詳細な記録を残している［cf. シング 1977］。しかし、このシング牧師による記録に基づく話の信憑性については疑義が申し立てられている［鈴木 2015］。ただし、本書の主眼はこの話の信憑性の検証にある訳ではない。

（8）小島は、この議論が「プラトンによって描かれたソクラテスの哲学的立場からインスピレーションを受けた」ものであると述べる［小島 2017: 84］。この議論について小島は、ベネターの「反出生主義」を「十分説得的である」とするが［小島 2017: 86］、自身の議論はベネターのそれよりも「より実践的で哲学的な、現実の世界および人間の苦境へのアプローチ」を試みているものであると述べる［小島 2017: 84］。

（9）ただし、このことは、生まれてくることの良し悪しを絶対に知りえないということを意味する訳ではない。というのも、小島によればそれは、「「知らないことを知っていると思ってしまっている」ということになる」からである［小島 2019: 87］。このことから小島は、自身が提唱する「不可知論」には、「生が良いものか悪いものか私たちは知らないという意味」と「私たち人間の能力について、生が良いものか悪いものかを知ることができるかできないかということも私たちは知ってはいないという意味」の「二重の含み」があると述べる［小島 2019: 88］。

(10)　このことから小島は、「子作りを奨励するようなナタリズム」を否定し、「出生を奨励することは道徳的に良いことではない」という「反―出生奨励主義」の立場に立つ［小島 2019: 88］。

(11)　アレントの著書の訳者として知られる森一郎は、この一節は「古代ギリシア人の厭世主義《ペシミズム》の定式化として古来有名」であると述べた上で、「今日ならば反出生主義のキャッチフレーズにもってこいである」と述べている［森 2022: 297］。森は、この一節を用いて議論を展開するアレントの「革命の哲学」に「誕生の肯定とペシミズムの双面性」をみてとる［森 2022: 298］。

(12)　橋爪大輝は、アレントの「行為」に関する先行研究をレビューする中で、「行為」＝「語る」／「話し合う」という説と、その説だけではなく「行為を記述するものとしての語り〔＝話し合い〕」にも目を向けている先行研究があると述べ、彼女の「行為」概念を多義的に理解することの重要性を指摘する［橋爪 2020: 67f.〔 〕内引用者］。

(13)　アレントは、『人間の条件』をはじめとしたさまざまな著作の中で「行為」の能力と密接に結びつく子どもの誕生を言祝ぐ［cf. HC: 247=385f.］。このアレントの議論は、子どもが生まれることの「良さ」に基づいて、未来世代を産む「義務」の観点から自らの倫理学を構成するハンス・ヨナスの議論［cf. Jonas 2003=2000］とは異なるものとして理解することができるだろう。田中智輝が指摘するように、アレントとヨナスは、両者の師であるマルティン・ハイデガーへの批判で重なるところがある［戸谷ら 2020: 127f.］。しかし、アレントは「ハイデガーにおける反自然主義（存在論から生命論を締め出しているという意味で）を引き継ぎつつ出生概念を基底とする政治思想を構想」するのに対して、ヨナスは「生命論的な出生概念を基底とすることでハイデガーにおける反自然主義の相対化を試みた」倫理思想を提示する点に両者の違いをみてとることができる［戸谷ら 2020: 127］。

本章の試みから明らかとなるのは、ヨナスをはじめとした生まれることの「良さ」を前提とする議論とは異なる形で、反出生主義を介して逆説的に子どもの誕生を言祝ぐアレントの独自性である。この限りにおいて、アレントとベネターを筆頭とした反出生主義の議論は必ずしも対立軸に置かれる必要はない。このアレントにおける子どもの誕生をめぐる議論は第四章で再度検討することとする。

(14) 序章でも確認してきたように小玉重夫を筆頭にアレントを受容したこれまでの教育学では、「進歩主義教育」とは異なる形で子どもが「世界」を刷新していくことに期待をかける彼女の主張から多くの示唆を導き出してきた［小玉 1999］。しかし、そうした先行研究では、「世界」を刷新することがその当人にとっていかなる意味を持ちうるのかについて十分に検討してこなかった。

(15) もちろん、子どもにとってこの「準備」としての教育は、ベネターの述べる意味での苦痛や苦境となる可能性を排除しきれない。このことに対しては西平に倣って自覚的であることが求められるだろう。

第二章　「世界」を刷新することと教育が「保守的」であること

――「自発性」に着目して

第一節　アレントの根底にあるもの

本章の目的は、アレントにおける「自発性（spontaneity / Spontaneität）」に関する議論の観点から彼女の教育論における「保守的（conservative）」な側面と「世界」の刷新（renewal）をめぐる議論の結びつきを明らかにすることである。

序章でも確認してきたように、アレントは、一九五一年に発表した『全体主義の起原』における鋭い近代批判で世界中に名を馳せた。これまでアレントは、政治理論に限らず、思想・哲学の領域をはじめとした多様な学問領域で着目されてきたが、教育学もその例外ではない。教育学では、アレントが教育について論じた二つの論稿――「教育の危機」と「リトルロックの省察」――を中心にして、近代教育を批判する際の重要な手がかりを彼女からえてきた。

詳しくは本章の第五節で中心的に論じるが、アレント教育論では、近代教育、とりわけ、「進歩主義教育」[1]に対して鋭い批判が展開されている［CE: RL］[2]。序章でも確認したように、とくに「リトルロックの省察」では大人が黒人と白人の統合問題の解決を子どもに担わせることを断罪する［RL: 204=375］。アレントはこのように「進歩主義教育」を批判するが、それとは異なる「保守的」な教育論の観点から子どもの新しさに期待をかける。というのも、アレントは子どもと「世界」が刷新されることの間に連関をみてとるからである［CE: 182=249］。「教育の危機」を締め括るにあたりアレントは、子どもを「何か新しいもの、私たちが予見しえないものを企てるチャンス」を持つ存在と位置づけ、彼らが「世界を刷新する使命への準備」をすることのできる教育を要請する［CE: 193=264］。ここで再び序章でみてきた教育学におけるアレント受容の状況について立ち返るのであれば、教育学は、一方におけるアレントの「進歩主義教育」批判と、他方における新しい存在としての子どもに期待をかける彼女の主張から多くの示唆を導き出してきたことを確認することができる［Biesta 2006=2021; 2010=2016］［Gordon, M 2001b］［小玉 1999; 2013; 2016］［Moss 2014］［田中智輝 2016; 2017］。

従来、「世界」の刷新をめぐるアレントの議論は、主に彼女が『全体主義の起原』初版を発表した後に取り組むことになった、一九五三年に発表する論文「イデオロギーとテロル――新しい統治形態」（『全体主義の起原』二版、三版所収）以降に醸成された「出生性」との関係で解釈されてきた［Bowen-Moor 1987］［森川 2010］。これを受けた教育学の領域も同様に、アレント教育論における子どもと「世界」の刷新に関する議論の間のつながりを「出生性」の観点から考察してきた［小玉 2001b］［田中智輝 2019］。しかし、以下の節で詳述するように、アレントは「出生性」と結びついている「行為」だけに限らず、「制作」[3]も含めたより包括的な観点から「世界」の刷新についての議論を展開している[4]。また、こうした「行為」や「制作」について、アレントは一九五一年に発表した『全体主義の起原』初版以来展開してきた「自発性」に関する議論の観点からも論じている［WP: S. 51=40f.］。これまでのアレント研究において「自発性」は、彼女の遺作となった未完の『精神の生活』における「意志」に関する議論との関わりに主眼が置かれて解釈されてきたきらいがある［Kampowski 2008］［村松 2017］。そのため、従来の先行研究では、アレント教育論における「世界」の刷新に関する議論と「自発性」の関係を問うことは必ずしも十分になされてこなかった。

以上を踏まえると、アレント教育論における「世界」の刷新をめぐる議論の全体像は、『全体主義の起原』初版の段階からみられる「行為」と「制作」の根底にある「自発性」の観点から捉え直す作業を経た先に解明されることが見込まれる。この作業を経たとき、アレント教育論における「保守的」な側面と「世界」の刷新に関する議論の間のつながりは、「自発性」を介してどのように理解できるのだろうか。

この問い応答するために本章では、以下四つの課題に取り組む。第一に、『全体主義の起原』初版の段階から展開される「自発性」に関する議論を彼女の「全体主義」批判との関わりで確認する（第二節）。第二に、第二節で確認する「自発性」の観点から、『全体主義の起原』二版における「ハンガリー革命」についての考察を通じて導かれる「行為」に関する議論の検討を行う（第三節）。第三に、このことから導かれる「あいだ」に関する議論を媒介にして「行為」と「制作」の連関を確認する。そして、『人間の条件』を中心として展開される「制作」に関する議論と「自発性」の関係性を明らかにすることを通じて、「政治」における「自発性」の位置づけ明確にする（第四節）。第四に、以上から明らかとなった「自発性」と「政治」の関係性の観点からアレント教育論における「保守的」な側面と「世界」の刷新に関する議論のつながりを詳らかにする（第五節）。

第二節　アレントにおける「自発性」
――『全体主義の起原』初版以来の記述から

人間の「自発性」とは

「自発性」は、人間が人間であるためには欠かすことのできない力である、とアレントは論じる。一九五一年四月の思索記録においてアレントは、「人間が人間であることを全体主義的に根絶させるということは、人間の自発性を根絶することである」と述べていた［DTB1: III［17］, S. 66=93］。「人間の自発性を根絶すること」と「人間が人間であることを全体主義的に根絶させること」の間にはいかなる連関があるのだろうか。この連関についてアレントは、同年に上梓し、以後改定を重ねることとなる『全体主義の起原』における「全体主義」に対する批判の中で詳しく論じている。なお、本節では、この連関が『全体主義の起原』初版の段階から論じられていたことを示すために初版と二版の両方を確認する。

『全体主義の起原』においてアレントは、「自発性」を「環境や出来事に対する反応の原理では説明することのできない、人間自らに由来する何か新しいことを始める力」と定義づける［OT1: 426; OT2: 455］。そして、アレントは、この「自発性」が「全体主義的支配の最大の障害」になると論じる［OT1: 428; OT2: 456］。というのも、「全体主義的支配」は、「イデオロギー」を用いて「過去のすべての歴史的な出来事を説明し、未来のすべての出来事の成り行きを緻密に示すことを目指す」からである［OT1: 432; OT2: 458］。「全体主義的支配」にとって過去から未来に起こるあらゆる出来事は計算可能であり、すべてが予見できる出来事でなければならない。しかし、

「自発性」は、「計算不可能性」を有しており［OT1: 428; OT2: 456］、「これまでに誰も予見しえない何か新しいものをもたらす力」として位置づけられる［OT1: 432; OT2: 458］。そのため、「全体主義的支配」にとって、このような人間の「予見不可能性（unpredictability）」は抹殺されなくてはならないのである［OT1: 432; OT2: 458］(5)。「全体主義的支配」は、人間の「自発性」を抹殺することを通じて、人間の顔をした「パブロフの犬のように振舞う、生気のない操り人形」を造り出す［OT1: 426f.; OT2: 455］。この「生気のない操り人形」は、強制収容所に収容された人間の姿と重なる［OT1: 426; OT2: 455］。この強制収容所にいたほとんどの「生気のない操り人形」は、「自発性」を喪失しており、自らが死の判決を受けた際に刑の執行人を道連れにしようとせず、暴動も起こさず、さらには、解放の際にもSSに対する暴動を起こすことさえもしなかった［OT1: 426; OT2: 455］。このようにして「全体主義的支配」は、人間から「自発性」を抹殺することを通して、人間を計算可能で予見可能な、ただ反応をするだけの「人間の顔をした動物（OT1:beast／OT2:animal）」に仕立て上げたのである［OT1: 426; OT2: 455］。

「自発性」における「非自然的」な性格への着目

では、何が人間と「人間の顔をした動物」を分けるのか。アレントは、その分水嶺を「きわめて非自然な（unnatural）もの」にみてとる［OT1: 426; OT2: 455］。このことからアレントは、「自発性」に「非自然的」な性格を見出していたことが推察される。マリーケ・ボーレンもアレントの「全体主義」に対する批判との関わりで彼女の論じる「自発性」についての検討を試みているが［Borren 2021: 167f.］、この「自発性」における「非自然的」な性格についての着目は欠いている。しかし、第五節で検討するアレントの近代教育批判と「自発性」の関係を考える上で、「自発性」におけるこの「非自然的」な性格への着目は不可欠となる。そこで、この「非自然的」なものが意味するところを理解するために、アレントの「自然」に対する理解を『人間の条件』の議論に沿って確認したい。

アレントにとって「自然」は、「人間の助けなしに生成する」特徴を有し［HC：150=240］、規則正しい循環運動のサイクルにしたがっているものとして理解することができる(6)［HC：150=224f.］。この「自然」に対するアレントの理解に依拠すれば、人間を人間として特徴づける「自発性」は、規則正しい循環運動の論理によって説明されることのない「非自然的」なものとして理解することが求められる。「全体主義」が、この「非自然的」な性格を有する「自発性」を人間から根絶するとき、人間は計算可能で予見可能な規則正しい反応をするだけの「人間の顔をした動物」として生を送ることになる。この点に、「人間の自発性を根絶すること」と「人間が人間であることを全体主義的に根絶させること」の間の連関をみてとることができる。

この『全体主義の起原』初版から一貫して展開されてきた「自発性」に関する議論は、この後確認していくアレントの議論の中核を担うものとして捉えることができる。そして、このことは、アレント教育論も例外ではない。そこで、まずはアレント教育論の検討に移る前に、彼女における「自発性」の位置づけを確認したい。そのために次の二つの節（第三節、第四節）では、この「非自然的」な性格を有する「自発性」と「政治」の連関を検討していきたい。

第三節　「自発性」と「政治」の連関
――「評議会」の生起に着目して

『全体主義の起原』初版以来アレントは、「全体主義」に対する批判との関わりで「自発性」を捉えてきた。しかし、序章で確認してきた、アレントの論じる「複数の人間」を不可欠とする「政治」において「自発性」が何をもたらすのか、という点について『全体主義の起原』初版の段階では十全に展開されてきたとは言い難い。これに対しては、一九五八年に発表した論文「全体主義的帝国主義――ハンガリー革命の省察」（以下、「全体主義的帝国主義」）を加えて増補改訂した『全体主義の起原』二版からの応答が可能と思われる。(7)

「ハンガリー革命」への着目

「全体主義的帝国主義」では、一九五六年にハンガリーで起こった、一般的にはハンガリー動乱と表現される出来事に対するアレントの考察が展開されている。この出来事は、スターリン亡きソ連の「全体主義的支配」に対して起こった民衆による全国規模の動乱や蜂起を指し、若者や学生、労働者、知識人、ジャーナリストなどのあらゆるハンガリーの人々が関わっていたとアレントは論じる［TI: OT2］。この出来事についての詳細な検討を行ったヴィクター・セベスチェンは、「短い間だが、すべてが変わったように見えた」と主張し、この出来事を「革命」とみなす［セベスチェン 2008: 26］。

アレントが、この出来事をハンガリー動乱ではなく、セベスチェンと同様に「革命」と位置づけていることは注目に値する。というのも、アレントは、「政治」の領域において、「自発性」に由来する人々の「行為」に基づいた出来事として「ハンガリー革命」を理解していたと思われるからである。本節にて詳述するが、アレントは、「ハンガリー革命」をソ連の「全体主義的支配」による統治形態の刷新を目指した出来事として捉えていた。百木漠が指摘するように、「ハンガリー革命」は「スターリニズム的支配に対抗するかたちで、東側諸国の「周辺」から自発的に生じてきたものであって、全体主義的支配の傍らで同時にこのような「新しい統治形態」の可能性が生まれつつあることに、アーレントは深い感慨を抱いていた」のである［百木 2018: 264f.］。百木の研究においては、「自発性」と「政治」の間の連関については検討の余地を残している。そこで以下では、『全体主義の起原』二版に所収されている「全体主義的帝国主義」を中心にして、「政治」において「自発性」が何をもたらすのか、ということに対するアレントの主張を明らかにしたい。

「行為」をもたらす力としての「自発性」

集団指導体制に移行した後のソ連では、スターリンの影響力低下に起因して、脱スターリン化や彼に対する批判が生じていた。このことから当時のハンガリーにおけるソ連の「全体主義的支配」は、完全な一枚岩であったとは言い難く、不十分な形であったことが推測される。このことは、ハンガリー国内の人々が、自らは「全体主義」という「虚構の中に生きていることを自覚する」機会を提供することに貢献していた［TI: 25f.; OT2: 496］。ここにおいて、ハンガリーの人々が「真理と虚構を区別する能力」を有していたことは重要な意味を持つ［TI: 25; OT2: 496］。というのも、アレントは、一九五三年に発表した「イデオロギーとテロル――新しい統治形態」において、「全体主義的支配の理想的な主体は、筋金入りのナチでも共産主義者でもなく、事実と虚構の区別

（つまり経験のリアリティ）をも真偽の区別（つまり思考の基準）をもはや失った存在」であると論じていたからである［IT: 321; OT2: 474］。アレントが、「人間科の動物種の一個体になってしまわない限り」人間は「自発性」を喪失することがないと論じていたことを想い起こすと［OT1: 428; OT2: 457］、ハンガリーの人々は「自発性」を喪失していなかったと考えられる。では、ハンガリーの人々が「自発性」を喪失していなかったとすればそれは、ソ連の支配下にあったハンガリーに何をもたらしたのか。この問いへの応答の手がかりは、アレントの「評議会（council）」に関する考察の中に見出すことができる。

「全体主義的支配」は、人が他の人々と「話し合う」ことや「意見を交わす」ことをはじめとした「コミュニケーションのチャンネル」を奪い去ることを目指すが［TI: 25; OT2: 496］、ハンガリーではそれを実現することができなかった。むしろ、ハンガリーではそれが、さまざまな「評議会」——地域の評議会や作家と芸術家の評議会、学生と若者の評議会、兵士の評議会など［TI: 31; OT2: 500］——という形式を通じてあらゆる場所で生起していた。アレントは、「ハンガリー革命」が「リーダーシップや前もって練り上げられた計画に基づいたものではない」点を評価している［TI: 28; OT2: 497］。そして、この評価は「ハンガリー革命」で生起した「評議会」にも援用される。アレントは、「評議会」が「イデオロギーから導かれるものでもなければ、考えるまでもなく、それは最良の統治形態についてのいかなる理論によっても予見されるもの」ではないと述べ、唯一の設立条件として「いくぶんかの人々が集まり、ともに行為すること」のみを挙げている［TI: 30f.; OT2: 499f.］。

こうした「評議会」に対するアレントの考察は、一九六三年に発表する『革命について』の中でより深まりをみせる。アレントは、「ハンガリー革命」の際に生起した「評議会」に限らず、フランス革命で生起した評議会やソヴィエト、レーテに対して概ね共通した評価を下す。これらの「評議会」は、「連続性、伝統、組織的影響力などの欠如」といった類似点を有し、革命家などによって計画されたり、準備されたりするものでもなく、どの「評議会」も「自発性」に由来するという特徴を有している［OR：266=417f.］。アレントによると「評議会」は、「つねに革命そのものの中で出現しており、行為と秩序の自発的機関として人々から発生」する［OR：275=429］。このようにして発生した「評議会」は、「自らを革命の一時的な機関であるとみなすことを一貫して拒み続け、反対にそれを統治の永久的な機関として樹立」することを目指す(8)［OR：268=420］。これらのことからアレントは、「自発性」に由来する人々がなす「行為」の機関としての「評議会」が有する継続性やそこで展開される議論に重要な意義をみてとっていたのである。

『全体主義の起原』二版と同じ年の一九五八年に出版する『人間の条件』においてアレントは、ほとんどの「行為」には、人々が「話し合う」ということがともなうと論じている［HC：178f.=290］。このことよりハンガリーのあらゆる「評議会」は、人々の「話し合う」という「行為」を通して設立されたものとして解釈することができる。このようにして設立された「評議会」をアレントは、『革命について』の中で「新しい統治形態」と評する［OR：253=399］。これらのことから、「ハンガリー革命」の中から発生した「評議会」の設置という出来事は、ハンガリーの人々が従来のソ連による「全体主義的支配」に基づいた統治形態を「新しい統治形態」に刷新する営みとして捉えられるのである(9)。以上を踏まえたとき、「自発性」は、「話し合う」という人々の「政治」的な「行為」をもたらす力として理解することができる。ハンガリーにおいては、この「行為」が「新しい統治形態」としての「評議会」の樹立を担ったのである。

第四節　「政治」における「あいだ」
――「行為」と「制作」の連関から

前節で確認したように、人々が「話し合う」という営みは「行為」に内包される。アレントは『人間の条件』における「ポリス」についての考察の観点から「行為」に関する議論をより深化させる。

アレントは「ポリス」を「ある一定の物理的空間を占める都市国家ではない」と述べた上で、「ともに行為し、ともに語ることから生まれる人々の組織」と解釈する［HC：198=320］。そしてアレントは、「ポリス」が「ともに行為し、ともに語るというこの目的のために共生する人々のあいだ（between）に生まれる」と述べる［HC：198=320］。アレントは、一九五〇年八月の思索記録で「政治は複数の人間のあいだ（Zwischen）に生じると論じるが［DTB1: I [21], S. 17=24］、彼女は「話し合う」という「行為」をする「複数の人間」、すなわち、人々の「あいだ」に「政治」が生起すると考える。

「行為」が起こる人々の「あいだ」について、アレントは考察をさらに進める。『政治とは何か』(10)では、「話し合う」という「行為」がなされる人々の「あいだ」に成立するものを「人間的な紐帯の世界」と換言し、それを「制作された世界」との関わりで次のように述べる［WP: S. 89=75］。

この〔人間的な紐帯の〕世界は、それ自体としては、終わることのないものであって、また、この世界は、存在するものの中でもっともはかないものであり、つかの間に消える言葉と急速に忘れ去られてしまう人間の行いから紡ぎ出されたものに過ぎないのではあるが、非常に強靱な堅牢さをもっているから、たとえばユダヤ民族にみられるように場合によっては数千年にわたって、実際に自分たちが制作した世界を喪失していても生き残るのである。このような行為によって生まれてきた紐帯の組織の中で、過去は歴史として語られ繰り返し話し続けられる中でさらに生き延びていく。けれども、こうしたものは例外であって、一般的には制作された世界があってその中でのみ存在できるのである。[WP: SS. 89-90=75]

アレントが述べるようにユダヤ民族という例外はあるものの、一般的に「人間的な紐帯の世界」でなされる人々の「行為」は、基本的に「制作された世界」の中でのみ可能となる。では、この「制作された世界」とはいかなるものなのか。これは、アレントの『人間の条件』における「制作」についての記述を追うことで内実がみえてくるように思われる。

『人間の条件』においてアレントは、「制作」を「人間の非自然性に対応する」、「すべての自然環境と際立って異なる「人工的な」事物の世界を作り出す」営みとして定義づけている［HC: 7=20］。この「「人工的な」事物の世界」は、「地球とか自然」とは区別される［HC: 52=78］。「地球とか自然」は「人々がその中を動き、有機体生命の一般的条件となっている限定的な空間」であるのに対して、「「人工的な」事物の世界」は「人間の工作物や人間の手による製作物と結びついている」ものである［HC: 52=78］。この「「人工的な」事物の世界」における「人間の工作物」は、「制作」という営みからもたらされるものの総和によって構成される［HC: 136=223］。このようにして「制作」された事物には「客体性」がある［HC: 137=224f.］。この「客体性」は、事物が「それを作って使用する生きた人間の貪欲なニーズと欲求に対し、少なくともしばらくの間は抵抗し、「対立し」、そして持ちこたえる」ことを可能にする［HC：137=225f.］。アレントは、このように事物が人間から独立していることによってもたらされるある作用について次のように述べる。

世界の中に共生するというのは、それを共有している人々のあいだに事物の世界があるということを本質的には意味する。それは、ちょうどテーブルがその周りに座っている人々のあいだに位置しているようである。つまり、世界は、すべてのあいだにあるもの（in-between）と同じように、人々を関係させつつ引き離している。［HC：52=78f.］

「人々を関係させつつ引き離す作用」は、篠原雅武が述べるように、「テーブルという事物があり、人々のあいだに位置づけられていることで生じるのは確かだとしても、それでも、事物から直接生じるのではないし、力そのものとしてみたとき、そこに物理学の法則で定量的に測定される実質はない」のである［篠原 2020：55］。つまり、アレントにおいて「あいだ」は、「客体的な事物的空間として形成されつつ、人が行為する空間として形成されているという二つの側面」を有しており［篠原 2020：55］［cf. HC：182f.=296f.］、「人々を関係させつつ引き離す」紐帯としての役割を担う。アレントは「人間の工作物」が、「行為と話し合うことの舞台でもなく、［中略］、行為と話し合うことが生み出す物語の舞台でないとしたら、究極的な存在理由を失う」と述べている［HC：204=328］。「制作」がもたらす事物的な空間としての「あいだ」は、「政治」という「複数の人間」、すなわち、人々が「行為」する空間としての「あいだ」を生み出す。そして、「政治」という人々の「あいだ」で起こる「行為」が生み出す「物語」は、「制作」する人々の助力を借りてその後にまで残る［HC：173f.=272f.］。このように、「政治」にとって「行為」と「制作」の両者は相互往還的で不可分な関係にあることが分かる。

ここで、「あいだ」を媒介にしてつながる「行為」と「制作」の違いについても確認したい。「行為」は「複数の人間」を相手にする結末が予測できない営みである――このことの詳細は第四章で確認する。それに対して「制作」は事物を相手にするため［cf. HC: §22］、他者という人々との「政治」的な関係性から孤立した、自らで結末が予測できる営みとして理解される。そして、このことから導かれる性格の違いとして、「制作」は明確で予見可能な終わりを持つのに対して、「行為」はそれを持たないという点を挙げることができる［HC: 143f.=233］。これは、アレントの論じる「政治」を理解する上で極めて重要となる。というのも、『人間の条件』の中でアレントは、プラトン以来の西洋政治思想の伝統が、「政治」を「制作」モデルで捉えてきたことを批判し、「政治」における「行為」の重要性を論じているからである［cf. HC: §31］。つまり、「政治」が起こる舞台を「制作」する営みとその舞台の上で繰り広げられる「政治」という「複数の人間」による「行為」は、連関しつつも明確に異なる営みとして理解されなくてはならない。「制作」は、あくまで「政治」を成立させる条件となるが、「政治」的な営みではない。では、この「制作」は何に起因するのだろうか。この点については、これまで手がかりとしてきた篠原の研究においても扱われてこなかった。しかし、アレントは、『政治とは何か』の中において次のように述べている。

他者に対して孤立しながら世界の事物を制作する人は誰でも、自発性が顕在化しており、どんな制作も一旦は、行為への能力によって引き出されなくては不可能なのである。［WP: S. 51=41］

前節で明らかにしたように、「自発性」は「行為」をもたらす力である。「行為」と同様に「制作」もこの「自発性」という力によって引き出され、あらゆる「制作」を行う人の中にみてとることができる。一九五二年四月にアレントは、「制作においては、「一つの系列を自分で始める」自発性の自由の中で、人間は一人であり、創造としての仕事に追われる」と思索記録を残している［DTBI: IX［3］, S.203=262］。「行為」の舞台を「制作」する営みは、「自発性の自由」の中にあってなされる。つまり、「自発性」は、「行為」と同様に「制作」を駆動させる力として捉えることができ、アレントが論じる「政治」にとって欠くことのできない重要な力として位置づけられるのである。この「自発性」と「政治」の連関を念頭に置いたとき、子どもと「世界」の刷新の間のつながりを論じたアレント教育論はいかなる様相を帯びてくるのか。次節ではこのことについて考えていきたい。

第五節　アレント教育論における「保守的」な側面と「世界」を刷新することの間

アレントの「進歩主義教育」に対する批判

アレントは教育論の中で近代教育、とりわけ、「進歩主義教育」に対して鋭い批判を展開する。ここでアレントが批判する「進歩主義教育」とは、「近代世界が数世紀にわたって保持し、その概念がプラグマティズムの内に体系的に表現されている前提」を根拠に持ち、「学びをなすことに代えよ」という言葉を旗印に展開されたものを指す(11)［CE: 179=246］。アレントは、この「進歩主義教育」のルーツを「ルソー主義的な、また実際にルソーの影響を直接受けた教育理念」にみてとる［CE: 173=237］。田中智輝がまとめるように、アレントが批判する「進歩主義教育」は、「子どもの新しさを既成事実とみなし、彼らに委ねてさえおけば世界はおのずと進歩・発展すると考える」ものとして理解できる〔田中智輝 2017: 125〕。

このアレントの主張は、黒人と白人の統合問題の解決に子どもを利用する大人に対する批判を論じた「リトルロックの省察」の中で鮮やかに展開される。同論文でアレントは、長年大人たちが黒人と白人の統合問題を解決できなかったことを指摘した上で〔RL: 204=375〕、小玉がまとめるように「統合教育推進の論調の背後にある、「リベラル」」な「進歩主義教育」を厳しく追及する姿勢をみせる〔小玉 1999: 29〕〔cf. RL: 204=375〕。アレントは、大人たちが思い描く計画通りの黒人と白人の統合問題が解決した「新しい世界」への道程を辿らされることになる子どもの姿をみて、「今や私たち〔大人〕は、子ども達に世界を変革し、改善することを要求する時代となったのか？そして私たちの政治的な争いを校庭で、闘わせようとするのか？」と述べる〔RL: 204=375〕。

アレントは、子どもが統合問題を大人の思い描く計画通りに解決するとは考えていない。このことは、「新しい世界のために新しい世代が不可欠であるとするならば、新しい世界へのチャンスを新参者の手から叩き落すことになる」という「教育の危機」の論述からも明らかである〔CE: 174=238〕。このようにアレントが主張する背景は、これまで検討してきた「自発性」に関する議論の観点から説明することができる。『政治とは何か』においてアレントは、「新たに生まれてくるものから、何か新しいことを始めることができる権利としての自発性を奪うことによってのみ、世界の歩みが決定論的に決められ予言されうるのである」と述べている〔WP: S. 50=40〕。大人が規定した「新しい世界」のために子どもが利用されるとき、子どもは「自発性」を喪失することになる。子どもは、「自発性」を喪失している限りにおいて、「これまでに誰も予見しえない何か新しいものをもたらす」ことはない。このことは、「旧いものである〔大人の〕私たちが、そのあり様を規定するように新しい人々〔としての子ども〕を意のままにしようとすれば、私たちはすべてを破壊する」と論じた「教育の危機」の記述からも読み取ることができる［CE: 189=259］。「自発性」の観点からアレントの「進歩主義教育」批判を読み解くとき、それは子どもの「自発性」を喪失させる営みとして解釈することが可能となるのである。(12)

「自発性」の保持につとめる「保守的」な教育

それでは、アレントは「進歩主義教育」を批判した先にどのような教育論を打ち立てるのか。「教育の危機」の結びでは次のように論じていた。序章でも確認したが、再び引用したい。

また教育というのは、〔大人の〕私たちが十分に子どもを愛しているか、ということを決める分岐点なのである。つまり、子どもを私たちの世界から追放して彼らの好き放題にさせたり、あるいは何か新しいもの、私たちが予見しえないものを企てるチャンスを彼らの手から奪ったりすることではない。むしろ、子どもに共通世界を刷新する使命への準備を前もってさせるか、ということを決める分岐点なのである。［CE: 193=264］

前節までの議論を踏まえると、死すべき人間が生きる「世界」は二重の意味――「制作」による事物的な空間としての「あいだ」をもたらす「「人工的な」世界」とそこで「行為」する人々の「あいだ」に成立する「人間的な紐帯の世界」――を有する。(13) 死すべき存在である人間が生きるこの「世界」は、「彼らによって作られるがゆえに消耗」し、「彼らと同様に死すべきものとなる危険を賭する」定めにある［CE: 189=259］。これらの「消耗」と「危険」に抗するために「世界」は刷新を不可欠とする［CE: 189=259］。この「世界」の刷新は、「世界」

に誕生する新しい人間によってもたらされるために［CE: 182=249］、子どもが「世界を刷新する使命への準備を前もって」することのできる教育をアレントは要請するのである。

このようなアレントの発想は、今井康雄が言うように「主流・反主流を問わず二〇世紀の教育論に共通する言わば常識」であった、と言えるだろう［今井 2022: 135］。そうした中で今井は、アレント教育論と「二〇世紀の教育論」の間にある差異を次のように論じる。今井は、「二〇世紀の教育論」の特徴に「子供のなかから、古い世代が知らなかった何か新しいものが生まれてくるだろう・生まれてきてほしい」という「希望」があると述べる［今井 2022: 157］。しかし、「アレントの場合、「革命的なもの」の在処は、子供のなかにではなく、比喩的に言えば子供と世界との接点に、つまりは〈世界への導入〉としての教育という出来事に、求められるべきである」と主張する［今井 2022: 157 強調原文］。

今井の研究には多くの学ぶところがあるが、それを「教育理論家」ハンナ・アレントとして捉え直す本書の立場から眺めるとき、「「革命的なもの」の在処」に対する彼の考察には更なる問い直しを迫ることになるだろう。というのも、アレントは、「新しく革命的なもの」を子どもの中に見出していたからである。「教育の危機」でアレントは、「どの子どもの中にもある（in every child）新しく革命的なもののために教育は保守的でなければならない」と述べていた［CE: 189=259 強調引用者］。では、このことを踏まえたとき、アレントの「保守的」な教育とはいかなるものとして理解することができるのだろうか。

ここで改めてアレントの「世界」に関する議論に立ち返りたい。「世界」は、「行為」と「制作」という連関する二つの営みによって構成されている。「制作」に基づく事物的な空間としての「あいだ」をもたらす「「人工的な」世界」は、その空間で繰り広げられる人々の「あいだ」に成立する「人間的な紐帯の世界」を可能とする。

この「世界」において人々は、「行為」することを通じて「新しい統治形態」をもたらすのである。つまり、「世界」の刷新には、「行為」だけに限らず、「制作」も不可欠な営みとして理解されなければならない。このことは、アレントの論じる「政治」が、「行為」と「制作」の両方を不可欠としていたことからも確認ができる。

この「行為」と「制作」は、「自発性」によって駆動させられる。前節までの議論で確認してきたことを踏まえればアレントの論じる「自発性」は、註（6）で示したように「自然」を崇拝するような「近代ロマン主義的な」ものとは異なる［Canovan 1992: 128=2004: 167］、大人が予見することのできない、何か新しいことを始めることができる「非自然的」な力として解釈することが求められるのである。この力が「行為」と「制作」を駆動する――アレントの論じる「政治」が生起する――とき、「世界」は刷新される。

この「世界」の刷新可能性を確保するためにアレントは、独自の「保守的」な教育を主張する。先に引用した「教育の危機」の結びの記述からも明らかなように、アレントの構想する教育は、子どもの有する「世界」を刷新することができる力を大人が奪うのではなく、子どもがその力をいつでも発揮できるような「準備」を前もってさせることを求めている。アレントが「保持する（conservation）という意味での保守主義（conservatism）を教育活動の本質」に据えるのはこのためである［CE: 188=259］。

以上よりアレントが構想する教育は次のように整理できる。それは、アレントが批判した「進歩主義教育」のように、「非自然的」な性格を有する子どもの「自発性」――「世界」の刷新に不可欠な「行為」と「制作」をもたらす力――を喪失させるのではなく、その力の保持につとめる「保守的」なものである。[14]「世界」の刷新は、教育が子どもの「自発性」という「行為」と「制作」を駆動させる――「政治」を起こす――力の保持につとめた先に見込まれる。[15]アレントの論じる「保守的」な教育は、こうした「準備」としての役割を担うことが求められるのである。

第六節　近代教育批判後の「自発性」を考える

本章では、従来の教育学では十分に着目されてこなかった、アレントが論じる「非自然的」な性格を有する「自発性」の観点から彼女の教育論の「保守的」な側面と「世界」の刷新をめぐる議論のつながりを明らかにすることを目指してきた。ここで、本章の議論を改めて振り返りたい。

まず、アレントが『全体主義の起原』初版の段階から展開している「自発性」を「全体主義」批判との関わりで検討してきた。この作業を通じて、アレントが論じる「自発性」は、「非自然的」な性格を有していることが示された。

続く二つの節では、この「自発性」と「政治」の関係性について検討を行った。まずは、アレントの「ハンガリー革命」と「評議会」に関する考察を手がかりとすることで、「自発性」が人々の「行為」をもたらす力であることを確認した。次に、「あいだ」をめぐるアレントの議論を参照することで、「行為」を可能にする条件として「制作」が位置づけられることを示した。そして、『政治とは何か』の一節に着目し、「制作」も「行為」と同様に「自発性」に由来する営みであることが明らかとなり、「自発性」はアレントの論じる「政治」にとって不可欠な力として捉えることができた。

最後にこの「自発性」の観点からアレント教育論を読み解くことを試みた。これまで検討してきた「自発性」に依拠すれば、アレントの批判する「進歩主義教育」は「自発性」を喪失させる営みとして理解することができる。それに対してアレントが要請する「準備」としての教育は、「世界」の刷新をもたらす、「政治」を構成する「行為」と「制作」の根底にある力としての子どもの「自発性」を保持する「保守的」なものである。この「自発性」の保持につとめた先に「世界」の刷新が期待される。ここに、アレント教育論における「保守的」な側面と「世界」の刷新に関する議論の間のつながりをみてとることができるのである。

これまでの教育学において「自発性」は、それを「学習理論の基礎」としたルソーに端を発して「自然」との関わりで理解されてきた［高橋 2017: 375f.］。本論でも指摘したようにアレントが論じる「自発性」は、「自然」を崇拝するようなものとは異なるものとして理解できる。アレントがルソーに淵源を持つ近代教育、とりわけ、「進歩主義教育」を批判していたことを想起すれば、彼女が論じる「非自然的」な性格を持つ「自発性」は、近代教育において重視されてきたそれとは異なる性格を有する。前章の議論も併せるのであれば、やはりアレントは、近代教育とは異なる新たな教育を思考しようとする「教育理論家」として理解することが求められるだろう。本章の取り組みからみえてくるのは、アレントの議論が近代教育とは異なる「非自然的」な性格を有する「自発性」に基づいた教育を思考するものとして捉えられるということである──この「自然」とルソーに対する「非自然」とアレント、という対抗図式は本書の議論を陰から支える土台としてこの後も度々登場することになる。

では、この「非自然的」な性格を有する「自発性」に基づいた新たな教育とはいかなるものなのか。ややこれまでの内容を繰り返すことになるがここで、近代教育、とりわけ、アレントの批判する「進歩主義教育」を対抗軸に置くことでその内実の一端を確認したい。「進歩主義教育」では、大人が思い描く「新しい世界」をもたらす存在として子どものあり様を規定することで、子どもの「自発性」を喪失させていた。それに対して「自発性」に基づく新たな教育では、子どもがすでに「自発性」を有していることを踏まえた上で、それを喪失させようとするさまざまな大人の営為から守ること、すなわち、保守することが重視される。それによって子どもの「自発性」は保持され、この保持の先に誰も予見しえない形で「世界」は刷新されるのである。[16] したがって、この教育は、たとえば、一見大人の保守的な構えや権力性が子どもの思考や自治的な行為と接する場面においてその一端を顕にするかもしれない。[17] では、この教育における「保守」は、いかにして近代教育におけるそれと差異化されるのか。言い換えれば、いかなる新しい議論としてアレントの「保守的」な教育論を捉えることができるのか。次章では、この問いに応答するためにアレントが「保守」と結びつけて論じる「革命」をキータームにして、アレント教育論に深く迫りたい。

註

（1）アレントの論じる「進歩主義教育」は、具体的な論者の思想が明示されている訳ではない。それは、あくまでも当時の思想的な背景や政治的動向が反映された教育を抽象的に論じたものとして捉えることが求められる。詳しくは第五節を参照されたい。

（2）本書における子どもは、アレントが述べる「世界」に大人より後に誕生する、彼女が教育論を展開する上で抽象化した存在を指す。

（3）アレントは英語で著した『人間の条件』を自らがドイツ語に訳し直して『活動的生』としても出版している。英語で著した『人間の条件』における action と work は、ドイツ語で著した『活動的生』においては Handeln と Herstellen がそれぞれ充てられている。それぞれの原語に充てる訳語の選択理由については序章を参照されたい。

（4）宮寺晃夫は、教育という営みがアレントの「制作」に相当するものであると述べているが［宮寺 2014: 209］、本章が主題とするような「世界」の刷新との関わりでの検討は行っていない。そもそも、アレントの論じる「政治」という観点から彼女の教育論を読み解くことを目指す本書の立場からすれば、「制作」の観点からのみで教育という営みを捉えようとする宮寺の見解には疑義が生じる。

（5）アレントは、「自発性」と「予見不可能性」が彼女にとって等価なものであることを一九五一年三月四日のカール・ヤスパース宛の手紙の中でも明かしている［AJB: S. 202=192］。

（6）マーガレット・カノヴァンは、アレントの論じる「自然」が古代ギリシアに多くを負い、規則正しい循環運動の論理に従っているものとして捉えている［Canovan 1992: 107=2004: 141］。

（7）改訂にあたって『全体主義の起原』二版は、一九五三年に発表する論文「イデオロギーとテロル――新しい統治形態」が第一三章に、論文「全体主義的帝国主義」がエピローグとして加えられている。今日一般的に手に入れることのできる版では、先のエピローグに据えられた論文が削除され、全一三章構成となっている。

（8）ハンガリーやロシアにおけるさまざまな「評議会」は「地域的・地方的性格の上級評議会」を形成しつつ、協力や統合を行い、「全国を代表する会議の代議員を選ぶ」までになった［OR: 270f.=424］。このようにアレントは、多様な「評議会」の間にみられる連携についての意義も論じる。

（9）「ハンガリー革命」に対する考察は、「労働者が政治に参加することに強い拒否感を示していたアーレントが、現実世界において久々に見出した理想的な「活動〔行為〕＝政治」がまさに労働者によって担われたものであったことから、彼女は自身の理論を修正（補足）する必要に迫られた」と百木は論じる［百木 2019: 265〔　〕内引用者］。『全体主義の起原』初版以来展開してきた「自発性」に着目すれば、アレントは『全体主義の起原』初版以来一貫して、「人間の顔をした動物」ではなく、人間が人間として「政治」に関わることを強調してきたことが明らかとなる。したがって、百木が指摘するようにアレントは「労働者が政治に参加することに強い拒否感を示していた」見解を修正したのではなく、「ハンガリー革命」の議論が『全体主義の起原』初版から展開する彼女の人間による「政治」参加の議論をより強固なものにしたのである。

（10）本書は、一九五六年にドイツのピーパー社との間で出版に向けて契約が結ばれた『政治入門』のために執筆された「一九五〇年から一九六〇年までの一〇年間という時代に結びついた本の企画」であり、全部で七つの断片からなる草稿集である［Ludz 1993: S. 151=2004: 129］。

(11) 長谷武久は、「教育の危機」におけるアレントの議論が、明言されてはいないものの「デューイを意識しつつ、アメリカ社会の教育やプラグマティズム対して強烈な批判を展開しているように見受けられる箇所がある」と述べる［長谷 1998: 86］。長谷はデューイが一九四六年に発表した『人間の問題』に対するアレントの書評「コモン・センスの象牙の塔」［cf. ITCS］を手がかりとして、両者の異同を検討し、デューイ哲学の再検討を試みている［長谷 1998］。

(12) エリザベス・ヤング＝ブルーエルは、教育に対するアレントの二つの論稿をはじめ、教育についての書簡や論争などを整理した上で、「教育によって自分たちの革命の永続の保証をえようとするいわゆる革命家たちは、思想を吹き込まれた自発性のない若者を造りだす」と述べていた［Young-Bruehl 1982: 317=1999: 425］。

(13) アレントの論じる「世界」が、「行為」と「制作」の二つの観点から捉えられることは朴順南の研究からも確認することができる［朴 2006］。

(14) 子どもと「評議会」の関係性において、大人が子どもを「評議会」に巻き込むのは避けなくてはならない。むしろ、新たに生まれてくる子どもの「自発性」を保持する教育が行われた先に、「新しい統治形態」としての来るべき「評議会」の成立は見込まれるのである。

(15) アレントの「政治」に関わる議論の観点から市民的権利のために闘う「政治的子ども」を擁護する研究は［Elshtain 1995］［木村 2001］、アレントが忌避した大人による子どもの政治利用の危うさを十分に考慮しきれていない。アレントの議論から子どもの「政治」参加の理論を立ち上げる際には、この危うさを受け止めた上での子どもと政治の関係性について論じた教育論における「保守的」な側面と「世界」の刷新に関する議論の観点からの構想が求められるだろう。この観点からの構想は、第四章にて行うこととする。

(16) ただし、このことは無批判に称揚されてはならない。ときに「世界」は刷新ではなく、破壊される可能性もあり、アレントはこのことに自覚的であった。森一郎によれば、「アーレントは、始まりとしての行為を人類にとっての福音として宣べ伝えているのではない。逆である。行為にわれわれが翻弄され破壊されることを、これでもかこれでもかとわれわれに自覚させようとしている」のである［森 2008: 216］。この刷新と破壊という二面性に対して教育学の観点から応答することは重要となろう。この点については第五章で再度立ち返ることとする。

（17） この点については、さしあたり小玉ほか［2021］を参照。なお、この教育における教師については、第五章で詳細に検討することとしたい。

第三章　教育における「保守」と「革命」

第一節　「革命」を「保守」のもとに取り戻すアレント

本章の目的は、アレントの「革命（revolution）」をめぐる議論の観点から彼女の教育論における「保守主義」を読み解くことを通じて、教育における「保守」の意味を再考することである。

すでに確認してきたようにアレントは、近代教育、とりわけ、「進歩主義教育」を批判しつつも、それとは異なる仕方で子どもの新しさに期待をかける。「世界」は、そうした新しさを有する存在達によって刷新される［CE: 182=249］。このため、アレントは、子どもが「世界を刷新する使命への準備を前もって」することのできる「保守的」な教育を要請する。そのためにアレントは、「どの子どもの中にもある（in every child）新しく革命的なもののために教育は保守的でなければならない」と述べ［CE: 189=259　強調引用者］、教育活動の本質に「保持するという意味での保守主義」を据える［CE: 188=259］。前章の議論では、「世界」の刷新をもたらす「政治」を構成する「行為」と「制作」の根底にある力としての「自発性」を保持するという点において、アレント教育論における「保守的」な側面と「世界」の刷新に関する議論の間のつながりが示されたのであった。

では、アレント教育論において、「保守主義」はいかにして理解することができるだろうか。ここで、先の第二章で批判的検討の対象となった今井康雄の議論を繰り返しになるが確認したい。今井は、このようなアレントの発想が「主流・反主流を問わず二〇世紀の教育論に共通するいわば常識」であったと指摘していた［今井 2022: 135］。というのも、今井は、ランゲフェルトの教育人間学などの検討を通じて、「教育論の保守主義を支えとすることで、「保守的」であることと、子供のなかの「未知のもの」を歓迎し促進するという意味での「革命的なもの」の保護とは、難なく共存可能になるように見える」と述べていたからである[1]［今井 2022: 135］。ところが、今井は、アレント教育論と「二〇世紀の教育論」の間には差異があると論じる。その際に今井は、「革命的なもの」の在り処を「子供のなかにではなく、比喩的に言えば子供と世界との接点に、つまりは〈世界への導入〉としての教育という出来事に求められるべき」と言うのである［今井 2022: 157 強調原文］。しかし、前章で示したようにアレントは、「革命的なもの」の在り処を子どもの中に見出していた。このことを踏まえたとき、アレントの「保守的」な教育論と今井が言う所の「二〇世紀の教育論」の間にある差異を確認することが困難になるように思われる。では、アレントの「保守的」な教育論には独自性がないのだろうか。

本書のこれまでの取り組みからアレントは、近代教育、とりわけ、「進歩主義教育」といったこれまでの教育とは異なる新たな「保守的」な教育を思考していたことが示されている。このことを踏まえるのならば、アレント教育論は、今井が言う所の「二〇世紀の教育論」とは何らかの形で差異化された独自の「保守主義」を本質とするものとして理解することが求められる。では、アレントの「保守的」な教育論はいかなる独自性を有するのだろうか。

右記の問いに対して本章では、アレントの「革命」をめぐる議論、とりわけ、『革命について』におけるフランス革命に対する批判と「アメリカ革命」[2]に対する評価に着目することで応答を試みたい。というのも、川崎修によれば、アレント教育論は、「彼女の政治観、とりわけ革命観とも対応していることはいうまでもない」からである［川崎 2014: 275］。この川崎の示唆を踏まえると、アレントの「革命」に関する議論は、彼女の「保守的」な教育論を理解する上で極めて有効な視座を与えてくれることを期待させる。しかし、次節以降でも確認するが、これまでのアレント教育論を対象とした先行研究において、彼女の「革命」に関する議論の観点から彼女の「保守的」な教育論を検討することが十分に取り組まれてきたとは言い難い状況にある。

以上を踏まえて本章では、アレント教育論における「保守的」な側面の詳細な検討を試みた先行研究の成果とアレントの「革命」に関する議論の検討を通じて、「どの子どもの中にもある新しく革命的なもののために教育は保守的でなければならない」と主張する彼女の「保守的」な教育論を読み解くことを目的とする。このことを通じて、教育における「保守」の意味を再考することを目指したい。そこで以下では三つの課題に取り組む。第一に、アレント教育論における「保守的」な側面の独自性について先行研究を手がかりに確認する（第二節）。第二に、アレントの「革命」に関する議論を「保守」との関わりから理解することを試み（第三節）、その議論を土台にしたフランス革命と「アメリカ革命」の対比的な議論の検討を行う（第四節）。第三に、それまでで明らかにした議論を手がかりとして、アレント教育論における「保守主義」を読み解くことを通じて、教育における「保守」の意味を考える（第五節）。

第二節　アレント教育論における「保守的」な側面の独自性

モルデハイ・ゴードンは、一九九九年に発表した論文「ハンナ・アレントにおける権威論――教育における保守主義再考」(3)において、アレント教育論における「保守的」な側面についての詳細な検討を行っている。木村浩則によれば、ゴードンの研究は、「アレント教育論の保守主義的性格をわれわれはどう理解すべきか」という問題に取り組んだものとして理解することができる［木村 2001：253］。そこで、まずはゴードンの研究を手がかりとしつつ、アレント教育論における「保守的」な側面が有する独自性に迫りたい。

「主流の保守派」とアレントの四つの類似点

ゴードンは、「保守」という言葉の内実を「過去において成功裏に確立された習慣、価値観、制度を守ろうとする態度」と解釈した上で、アレントとイヴ・シモンやアラン・ブルームをはじめとした「主流の保守派」との間にみることができる「権威（authority）」に関する四つの類似点を指摘する［Gordon, M 2001b：38］。

第一の類似点は、「権威」を「肯定的で建設的な」ものとして捉えている点にある［Gordon, M 2001b：40］。アレントは、一九五九年に発表する「権威とは何か」という論文において、古代ローマにまでさかのぼって「権威」という言葉の語源を紐解く中で自らの解釈を展開する。

権威（*auctoritas*）という言葉は、増加させるという動詞 *augere* に由来する。権威あるいは権威のある者が絶えず増加させたのは、創設に他ならない。権威を与えられた者は、元老院議員、つまり、ローマの元老院もしくは父たち（*patres*）であり、彼らの権威は、来たるべきことすべてに対して礎を築いた者たる父祖からの伝承（伝統）によるものであった。［WA: 121f.=165f.］

ゴードンは、「権威」が「増加させる」や「創設」といった言葉と結びつき、そしてこれらの言葉が肯定的な意味で使われていることに着目する［Gordon, M 2001b: 40］。ここに、ゴードンは、アレントと「主流の保守派」との間の一つ目の類似点を見出だす。

第二の類似点は、「権威」に関する理解が「伝統や宗教と密接に関わっている」という点である［Gordon, M 2001b: 40］。ゴードンによれば、「主流の保守派」にとって「権威、伝統や宗教」は、「行為し、思考する方法の基礎」であり、「生活に意味と安定、美徳を与える」役割を有する［Gordon, M 2001b: 40］。ゴードンは、この「権威」・「伝統」・「宗教」の「三位一体」的な結びつきに対して、アレントは「主流の保守派のような無批判の崇敬には同意しない」と述べるが、「歴史的にみればこの三つが結びついていたことには同意している」と考察している［Gordon, M 2001b: 40］［cf. WA: 141=192］。

第三の類似点は、「権威」が人間の判断と行動の統一をもたらす原理として捉えられている点である。異なる個人から構成されている共同体においては、それぞれが「同じ行動の手続きや規範にしたがうことを保証する原理が重要になる」、とゴードンは述べる［Gordon, M 2001b: 40］。ゴードンによれば、「主流の保守派」はこの原理こそが「権威」にあると信じている［Gordon, M 2001b: 40］。ゴードンは、アレントがそこまで踏み込んで論じているとは述べていないが、彼女が「主流の保守派」と同様に「権威」は「政治構造に耐久性、連続性、永続性を与えてきた」原理である、と主張する点に着目する［Gordon, M 2001b: 40］［cf. WA: 127=173］。そして、ゴードンは、アレントが「主流の保守派」と同様に「権威」こそが、「人間の行為を統一し、人間存在に意味と一貫性を与えたと信じている」と述べる［Gordon, M 2001b: 41］。

第四の類似点は、「権威は説得や合理的な議論に依存するものではない」という点である［Gordon, M 2001b: 41］。「権威とは何か」の中でアレントは、「権威は説得と両立しない」とし、「説得の平等主義的な秩序に対して、権威主義的秩序はつねにヒエラルキーをなす」と述べる［WA: 92f.=125］。ゴードンによれば、アルベン・マイケル・ニーマンやシモンらの「主流の保守派」はこうしたアレントの見解を共有するのである［Gordon, M 2001b: 41］。

「主流の保守派」とアレントの相違点

しかし、ゴードンは、こうした「権威」に関する考え方をアレントが「主流の保守派」と共有すると言いつつも、彼らとは決定的に区別すべきであるとも述べる。なぜならば、「主流の保守派」は新たに生まれてくる存在が有する「新鮮な可能性を無視する」のに対して、「アレントのアプローチは教育者がそのような可能性を大切にし、育むべき」であると主張するからである［Gordon, M 2001b: 47］。ここにおいてアレントにとって重要な問いとは、「いかにして子どもの中にある新しいもの、あるいは、革命的なものを守るのと同時に人間の永住の地としての世界を守る」のかという点にみてとることができる(4)［Gordon, M 2001b: 47］。換言すれば、「教育における問題は、古いもの（過去や伝統）と新しいもの（変化や創造性）のギャップを埋めること」であり、この問題を解決するためにアレントは教育における「保守主義」を主張する、とゴードンは述べるのである［Gordon, M

2001b: 47]。

では、アレントは、この「古いもの（過去や伝統）と新しいもの（変化や創造性）のギャップ」がいかにして埋められると考えるのか。ゴードンは、このギャップを埋める手がかりをアレントのヴァルター・ベンヤミンに関する伝記の中に見出そうとする［Gordon, M 2001b: 47］。ここで、アレントが一九六八年に執筆したベンヤミンの伝記の内容を確認したい。

アレントは、「過去を論ずる新しい手法」を探った人物としてベンヤミンを位置づける［WB: 193=298］。アレントはこの手法について、「真珠採り（pearl diver）」の比喩を持ち出して次のように表現する。

こうした思考は現在に触発されながら、過去から引き離して、自分自身のまわりに集めることのできる「思考の断片」をもってはじめて機能する。海底に穴を掘りそこに光を当てるためにではなく、豊かなものや不思議なもの、すなわち海底深く横たわる真珠や珊瑚をてこでゆるめ、それらを海面にまでもたらすべく海の底へと降りていく真珠採りのように、こうした思考も過去の深淵へと探究の手をのばす――しかしそれは過去をあるがままによみがえらせるためでも、また消え去った時代の再生に役立つためでもない。［WB: 205=317］

アレントによれば「真珠採り」とは、海底で「豊かなものや不思議なもの」となった「真珠や珊瑚」を「海面」にもたらすために、海深く潜っていく存在を指す。アレントはこうした「真珠採り」の作業と「思考」を重ね合わせる。この「思考」は、過去という「深淵」で豊かとなり、不思議なものとなった「思考の断片」を現在にもたらす作業として理解することができる。ただし、その作業が、「過去をあるがまま」に記述することでも、「消え去った時代の再生」でもないことには注意しなければならない。続けて、アレントは次のように述べる。

こうした思考を導くものは、たとえ生は荒廃した時代の支配を受けるとしても、腐朽の過程は同時に結晶化の過程であるとする信念、かつては生きていたものも沈み、溶け去っていく海の底深く、あるものは「海がすべてを変えていく」という自然の力に犯されることなく新たな形に結晶して生き残るという信念である。こうして生き残ったものは、いつの日か海底に降りてきて生あるものの世界へと運び上げてくれる真珠採りだけを待ち望むのであり、「思考の断片」も「豊かで不思議なもの」も、そしておそらくは不朽の根源現象でさえもその中に数えられるだろう。[WB: 205f.=317]

アレントはシェイクスピアの『テンペスト』(5)に登場する一節を用いてこの「思考」についての考察をさらに深める。「海の底深く」にあるものは、『テンペスト』で展開されるように、長い時間をかけて真珠や珊瑚礁に変わる。そして『テンペスト』の中では、それらは「貴重な宝物」になると歌われている[cf. シェイクスピア 1983b]。アレントは、「思考の断片」が時間を経ることで、「新たな形」に変わると論じるのである。「貴重な宝物」は、「新たな形」の結晶としていつか到来する「真珠採り」によって海底から地上へと運ばれることになる。

ゴードンによれば、ブルームやエドワード・ウィンのような「主流の保守派」は、こうした「真珠採り」とは異なり、「伝統は縫い目のようなもので、その機能は現在と過去を結びつけ、文明社会における異なる時代に統一感を与える」ものであると考える[Gordon, M 2001b: 49]。このことから「主流の保守派」が想定する教育者の役割は、「この継ぎ目を修復し、補強すること、あるいは、過去が現在に光を当て続け、私たちに一貫性と一体感を与える」こととなる［Gordon, M 2001b: 49］。それに対して、ゴードンは、アレントが伝統を「継ぎ目」とは捉えないと考える。ゴードンは、「伝統は革新の連続であり、それ自体、断絶と亀裂に満ち、若者が行う再創造の道具立て」であるとアレントは考えていると述べる［Gordon, M 2001b: 49］。このことからゴードンは、子どもが「真珠採り」になることを支援し、過去と現在のギャップを埋めるために「古いもの」を利用するのではなく、「新しい始まり」をつくるために「古いもの」を利用すべきであるとアレントは考えていると解釈する［Gordon, M 2001b: 50］。以上に基づいて、ゴードンは、子ども達に過去の伝統や偉大な作品を含めた「古いもの」としての古典を教えることが、新しいものの創造につながると主張するのである［Gordon, M 2001b: 57］。

ゴードンが明らかにしたように、新しいものが到来するためには、子ども達に過去の伝統や偉大な作品を含めた「古いもの」としての古典を教えることは重要な役割を担うことが推測される。では、新しいものはいかにして実際に立ち現れるのか。たしかに、ゴードンは、新しいものが到来するために必要と思われる事柄についての検討を試みてはいるが、新しいものが到来するプロセスについては検討の余地を残している。そこで、このプロセスを解明するために、次の二つの節では『革命について』におけるアレントの「革命」に関する議論を参照したい。というのも、アレントは、前章で確認した「ハンガリー革命」が「新しい統治形態」を生じさせる出来事として捉えていたからである。つまり、アレントの論じる「革命」に関する議論は、新しいものが到来するプロセスについて理解する上では検討不可欠なものとなる。また、アレントが「教育の危機」の中で「どの子どもの中にもある新しく革命的なもののために教育は保守的でなければならない」と述べていたことを想い起せば［CE: 189=259］、彼女がどのように「革命」を理解していたのかを詳らかにすることは、重要な課題となるように思われる。そこで、まず次節では、アレントが「革命」をどのように理解していたのかということについての検討を行い、彼女の論じる「革命」の観点から「保守」を紐解いていくことに取り組みたい。

第三節　「革命」に関する議論との関わりで考える「保守」

「革命」を語源的にさかのぼる

アレントは、「革命」という言葉をいかなるものとして捉えていたのだろうか。『革命について』の中でアレントは、「革命は、復古あるいは復旧（restorations or renovations）として開始するのであり、全く新しい始まりの革命的パトスはその出来事の過程において生ずる」のであると述べる［OR: 30=51］。こうした「革命」観を展開するためにアレントはその言葉の出自を辿る。その際に着目するのが天文学における議論である。

アレントによれば、「「革命」という言葉は、もともと天文学上の用語であり、コペルニクスの著書『天球の回転』を通して、自然科学ではますます重要性を獲得」していくことになった［OR: 35=57］。この言葉の正確なラテン語の意味は、科学における用語法上の中に示されており、「一定の規則的な星の回転運動を表す」のである［OR: 35=57］。「星の回転運動を表す」ということからも明らかなように、この運動は「人間の影響力を超えたものであり、したがって人間が抵抗できないものであることが知られていたので、もちろん、新しさや暴力を特徴としたものではなかった」とアレントは述べる［OR: 35=57］。むしろ、この言葉は「繰り返す周期的な運動」を意味し、歴史家のポリュビオスが展開した循環史観を示す ἀνακύκλωσις という言葉のラテン語訳であり、天文学上の言葉が「政治」の領域に比喩的に輸入されたに過ぎないのである［OR: 35=57f.］。このことから「政治」の領域では、いくつかの統治形態が循環を続けながら死すべき人間の世界を回転する（revolve）ことを意味する言葉としての役割を担う［OR：35=58］。以上の理解に基づくとき、「革命」は、イングランドにおいてクロムウェルが革命的独裁を樹立したときではなく、一六六〇年にスチュアート家による「君主制が復古した」とき、あるいは、一六八八年にスチュアート家が追放されてウィリアムとメアリに王権が移ったときに用いられる言葉として捉えることが適切となる［OR：36=59］。このようにアレントは、「革命」という言葉を政治体があるべき統治形態へと復古することを指し示すものとして理解するのである。

こうした「革命」観に基づいてアレントは、「アメリカ革命」とフランス革命という二つの出来事を眺める。アレントによれば、この二つの「革命」の初期段階で活躍した存在は、「絶対君主政の専制や植民地政府の権力濫用によって侵害され、犯されていた旧い秩序を復古する」ことを考え、「物事があるべき姿にあった旧い時代に回転して戻る（revolve back）」ことを望んでいた［OR：37=60］。このような視点から二つの「革命」を捉えるとき、「保守的」あるいは「革命的」であることの線引きは曖昧なものとなる［OR：37=61］。したがって、「革命」という言葉の内実は本来、「新しさ（novelty）、始まり、そして、暴力といった今日の革命概念と密接に結びついているすべての要素」が欠けたものとなる［OR：40=65］。唯一、一般的に理解されている「今日の革命概念」に引き継がれたものは、人間の影響力が及ばない天体の動きに内在する「不可抗力性」(6)の概念だけである［OR：40=65］。「アメリカ革命」にせよ、フランス革命にせよ、「革命」の初期段階において両者には、右記のような共通点を確認することができた。

「アメリカ革命」への着目

ここまでに確認してきたことから明らかなようにアレントは、自らの論じる「革命」概念を統治形態との関わりで理解していた。アレントによれば、こうした統治形態に対する深い関心こそが、「アメリカ革命」の特徴の一つとして挙げられる［OR: 50=77f.］。そして、アレントは、「革命とは自由（freedom）の創設のことであり、自由（freedom）が姿をあらわすことのできる空間を保証する政治体の創設」であると述べる［OR: 121=191］。この「創設の行為」は、近代的条件のもとでは「憲法作成と同じ」意味を持つ［OR: 192=121］。「アメリカ革命」の担い手における「革命」の目的とは、「自由を構成することであり、革命政府の仕事が共和政を樹立」することにあった(8)［OR: 139=221］。つまり、「アメリカ革命」は、あるべき統治形態としての「共和政」へと回転して辿りつくことを目指した運動として理解することができるだろう。(7)

こうした「創設の行為」について論じるにあたって、アレントは「権力（power）」についての考察を展開する。まず、アレントは「力（strength）」と「権力」を区別する。前者は、「自分以外のすべての人に対する孤立（isolation）の状態において、それぞれ、自然から与えられて持っているもの」を指す［OR: 174=270］。それに対して、後者は、「複数の人間が行為のためにお互いが結びつく場合にのみ」存在するという特徴を有するものである［OR: 174=270］。「行為」を通じて「複数の人間」の間に生じるこうした「権力」は、「行為の結合した権力を住まわせておく安定した世界の建造物を創設し、構成する過程」をもたらす力となる［OR: 174=270］。これらのことからアレントは、「権力」を「創設行為の中で互いに関係し結び合うことができる」、「政治の領域では最高の人間的能力」と理解する［OR: 175=270］。植民地アメリカでは、「革命」に先立って「複数の人間」の「行為が権力の形成を導いた」のである［OR: 175=270f.］。

この「権力」という言葉は、注意して使わなければならない。というのも、アレントは、植民地アメリカで形成された「権力」は「すべての権力は人民にある」と言ったフランス革命の担い手が用いていた意味での「権力」とは異なるものとして捉えているからである［OR: 181=293］。アレントによれば、フランス革命の担い手が理解していた「権力」とは、「その源泉と起原が政治的領域の外部にあるような「自然的」な強制力（force）」を意味する［OR: 181=293］。この「「自然的」な強制力」は、フランス革命が「他ならぬ暴力（violence）として開放し、暴風雨のようにアンシャン・レジームの制度を一掃してしまった」のである［OR: 181=294］。アレントの見立てによれば、フランス革命の担い手は、このような「権力」と「暴力」の区別を知らないまま「革命」を遂行してしまったことになる［OR: 181=294］。それに対して、「アメリカ革命」の担い手は、この区別をしっかりと理解し、「約束や契約、相互誓約によって互いに拘束し合う場合に実現」するものと捉え、こうした「互恵主義や相互性に基づく」ものこそを「正統的権力」としてみなしていた［OR: 181=294］。このようにアレントは、「アメリカ革命」とフランス革命の間にある違いを自らの論じる「政治」と結びついた「権力」に関する議論の観点から見定めようとするのである――この二つの革命における「権力」の違いは、序章で確認した「全体主義体制」における「単数の人間の絶大な権力」と「政治」に不可欠とされた「複数の人間に基づく権力」という対比を思い出させる。アレントが見出した「アメリカ革命」とフランス革命の違いについては次節にて再度立ち返るとしつつ、ここでは「権力」と「革命」の関係性にもう少し焦点を当てる。

たしかに、「相互約束によって自らを拘束し、契約によって構成された政治体の中に生きる人々に根差す権力は、（群衆の際限のない暴力を解き放つことなしに）「革命を遂行する」には十分である」と言えよう［OR: 182=295］。しかし、「権力」は、「新しい権威を創設するには全く不十分である」と言わざるをえない［OR: 182=295］。というのも、「権力」に関わる「契約も契約の基礎にある約束も、永続性を保証するには十分ではなく」、つまり、「それだけでは、後世のために設計された世界をつくるのに不可欠な安定性の手段を複数の人間が関わる事象に与えるには十分ではない」からである、とアレントは考える［OR：182=295］。

先に確認してきたようにアレントは、「アメリカ革命」の目的が「共和政」の樹立にあったとみている。この「共和政」の樹立には、「権威」の問題が密接に関わってくる。アレントによれば、「アメリカ革命」の担い手は「「人間ではなく法の」統治である共和政の創設を誇り」にしていたため、「権威」の問題が「実定法に認証を与えるいわゆる「より高い法」という形で生じる」ことになった［OR：182=295］。人間が作った法すべてに有効性を与える「より高い法」の作成には、「絶対者」が必要となる［OR：183=296］。ここにおいて、「絶対者」という問題は、アレントが忌避してきた「単数の人間」に回収される恐れがある。こうした「単数の人間」とは対置される「複数の人間」をテーマとする「政治」を重視してきたアレントにとっては、この問題を乗り越える必要性が生じてくる。この問題を解消するためにアレントは、「アメリカ革命」の担い手に着目する。では、「アメリカ革命」の担い手は、この問題をどのようにして解決するのか。別の言い方をするのであれば、「どのようにして連邦を「永続的なもの」にするのか、どのようにして創設物に永続性を与えるのか、どのようにして古さの認証を自分のものとして主張することのできない政治体に対して正統性の認証を与えるのか」といった課題について［OR：203=323］、「アメリカ革命」の担い手はいかなる応答を果たすのか。

「保守」と「革命」をつなぐ「行為」

「アメリカ革命」の担い手は、このような課題に対する応答の手がかりを古代ローマ、とりわけ、「ローマ的な権威概念そのものが、創設の行為が不可避的にそれ自身の安定性と永続性を発展させることを示している」という点に見出す［OR：203=323］。ここにおいて、前節で確認してきた「権威」概念に立ち戻る必要が出てくる。しかし、本節の議論は、ゴードンにおける「権威」への着目の仕方とは異なり、これまで確認してきた「革命」に関するアレントの議論との関わりで検討を試みる。前節でも確認してきたように、この「権威」は「増大（augmentation）」を意味し、「一切の革新と変革は創設物にさかのぼって結びつけられる」こととなる［OR：203=323］。同時に、この「革新と変革はその創設物を増大し、増設させる」のである［OR：203=323］。ここでアレントは、アメリカ憲法における修正条項の役割に着目し、それが「アメリカ共和国の原初的な創設物を増大させ、増加させている」と述べる［OR：203=323f.］。「革命」を通じて構成された憲法は、修正を重ねることでそれが有する「権威」を「増大」させていくことになる。そもそも、このことが可能になるのは、「アメリカ憲法の権威そのものが、修正や増大に対する受容力をもともと有している」からである［OR：203=324］。アメリカ憲法は、その修正――「複数の人間」による「権力」に基づく「創設の行為」――を通じて、自らの「権威」を増大させ、増加させることになる。

ここにアレントは、「増大による創設と保存（preservation）」の間の一致する関係性をみてとる［OR：203=324］。そして、これらのことからアレントは、「何か全く新しいことを始めるという「革命的」行為と、幾世紀を通じてこの新しい始まりを守るという保守的な気遣い（conservative care）は関連している」と捉えるのである(9)［OR：203=324］。「アメリカ革命」の担い手は先の問題――人間が作った法すべてに有効性を与える「より高い法」の作成――に対して、「絶対者」（という「単数の人間」）を置くのではなく、彼ら（という「複数の人間」）による「「革命的」な行為」と、それを通じて生起したものを更なる「行為」で増大させ、増加させながら「守るという保守的な気遣い」の結びつきという観点から応答を果たす。「創設物」を「増大」させる「行為」とそれによってもたらされる「創設物」の「安定性」はコインの表と裏の関係性にあるものとして理解することができる。こうしたアレントの議論において、「複数の人間」による「行為」を媒介項にしたとき、「保守」と「革命」は不可分な重なりを持った営みとして理解することが求められるのである。(10)

本節でも少し触れたように、アレントの「革命」に関する議論は、主に「アメリカ革命」とフランス革命に関する比較研究の成果に基づいている。次節では、本節で明らかになった「保守」と「革命」の関係性を念頭に置きつつ、アレントが対比的に論じた「アメリカ革命」とフランス革命の異同について検討を行いたい。

第四節　「アメリカ革命」とフランス革命を分かつもの

アレントは、「アメリカ革命」とフランス革命の間に明確な差異をみてとる。(11)その差異とは、前者が「自由(freedom)」の創設に向かうのに対して、後者が「解放(liberation)」としての「自由(liberty)」に向かうというものである。アレントは、一方で「アメリカ革命」を担った存在を「創設者」、他方でフランス革命を担った存在を「解放者」と表現し、両者の違いについて次のように論じる。

革命家の弁舌のどれをとってみても、創設者たちと解放者たち――アメリカ革命を担った複数の人間とフランス革命を担った複数の人間――をはっきりと区別している問題をこれ以上正確に指摘した文言を見つけるのは困難だろう。アメリカ革命の進路はいぜんとして自由(freedom)の創設と永続的な制度の樹立にかかっていた。そしてこの方向で行為する人たちにとって、刑法の範囲外にあるものは何事も許されなかった。これに対してフランス革命の進路は、苦悩の直接性のために、ほとんどその最初から、これと同じ創設のコースから逸れていた。その進路は、暴政からの解放ではなく必然性（necessity）からの解放の緊迫性によって決定され、人民の悲惨とこの悲惨が生み出した哀れみとの両方の際限のない広がりによって駆り立てられた。「すべてが許される」という無法性は、やはりこの場合でも精神の感傷から生まれたものであり、ほかならぬその感傷の際限のなさが限りのない暴力の奔流の解放を助けたのである。［OR: 87=137］

ここで、アレントが一般的にはアメリカ独立革命と表現される出来事を敢えて「アメリカ革命」と記している理由を簡単に確認しておきたい。アレントがそのように記載する背景にあるものは、当時の歴史学者が有していた革命観に対する抗議の意味である。アレントが抗議する理由として、当時の歴史学者が、社会的な平等は「革命の暴力と流血によってのみ達成されるかのようである」という見解を共有し、「アメリカに革命は何一つ起こらなかったという論理的結論を引きだしている」ことを挙げることができる［OR: 17=32f.］。前節で確認してきたアレントの「革命」に関する議論を想い起せば、アメリカで起こったことは「アメリカ革命」として理解することが要請される。アレントは、「暴力」を源泉とするフランス革命ではなく、「権力」を源泉とする「自由（freedom）の創設と永続的な制度の樹立」に向かう「アメリカ革命」こそを評価するのである。

アレントのフランス革命論

アレントによれば、フランス革命は「自由（freedom）の創設と永続的な制度の樹立」の方向ではなく、「必然性」からの「解放」を目指す進路をとったという。なぜ、フランス革命は「アメリカ革命」と異なる進路をとったのだろうか。それは、「必然性」に支配された存在がフランス革命になだれ込んできたからであるとアレントは論じる［OR: 54=90］。アレントによれば、この「必然性」には二つのイメージ――「歴史過程の必然性はもともと天体の循環的・合法則的・必然的運動のイメージ」と「人間の生命がすべて従属している循環的必然性」に見出される「生物学的なイメージ」――がある［OR: 53f.=90］。この二つのイメージについて、石田雅樹は端的に整理している。石田によれば、前者は「運動の展開自体が人知を超えた不可抗的な力によって動かされているイメージ」であり、後者は「人間が有機体として生命過程から免れられないという事実、つまり誰もが毎日生きるためにパンを求めるという事実に根差す」イメージである［石田 2020: 99f.］。前節でも確認してきたようにアレントは、前者のイメージが「今日の革命概念」に引き継がれていると考える。後者のイメージについてアレントは、ルソーの「一般意志」論の観点から説明する。

今やこのイメージは、歴史についてのさまざまな有機体的・社会的理論の基礎にみられ、それらに広く行き渡っている。それらの理論の共通点は、いずれも群衆――国民、人々、社会の事実上の複数性――を一つの超人間的な抵抗し難い「一般意志」によって突き動かされている超自然的肉体のイメージでみているという点にある。［OR: 54=90　強調引用者］

「自分の肉体維持の必要に駆られた貧民」たちは、パンを求めるという「一般意志」に突き動かされる形でフランス革命に加わった。アレントは、この「一般意志」に突き動かされる貧民の「群衆」が、「政治」の舞台に現れる中で革命を援助し、鼓舞し、前進させた結果、「自由（freedom）」は「必然性」に身を委ねなければならなくなったと述べる［OR: 54=91］。

しかし、フランス革命を担ったすべての存在が、パンを求める、つまり、「自分の肉体維持の必要に駆られた貧民」たちでなかったことは容易に推測される。では、「自分の肉体維持の必要に駆られた貧民」ではない存在は何に突き動かされて革命を担ったのか。アレントは、そうした存在を突き動かしたものとして「同情」を挙げる［OR: 65=107］。貧しさに苦しんでいない存在が不幸な存在に対して示す、あるいは、上層階級が下層階級に示す「同情」は、あらゆる存在を、パンを求めるという「一つの超人間的な抵抗し難い「一般意志」」のもとに統合するのである［OR: 74=119］。アレントは、ルソーが「他人の受難に対するもっとも自然な人間的反応は同情」であると考えていたと指摘し、この「同情」を極めて「自然」なものとして理解する［OR: 74=119　強調引用者］。つまり、フランス革命は、人が「自然」なものとして抱く「同情」を利用した革命として捉えることができる[12]。フランス革命は、「自分の肉体維持の必要に駆られた貧民」とそうした存在に「同情」する存在が、パンを求めるという「一つの超人間的な抵抗し難い「一般意志」」のもとに統合され、「一つの肉体」あるいは「一つの塊」としての「人民（le peuple）」が担った、とアレントは理解するのである[13]。

> 「一つの肉体に統一され……」一つの意志によって動かされる「群衆」というルソーのイメージは、彼らの現実の姿の正確な記述であった。というのは、彼らを動かしたのはパンに対する要求であり、パンを求める声は必ず一つの声となって響くであろうから。すべての人間がパンを必要とする限り、われわれはすべて同じであり、一つの肉体に統一されるのは当然である。人民（le peuple）のフランス的概念が、その当初から

多頭の怪物の意味を持ち、一つの肉体のように動き、まるで一つの意志を持っているかのように作動する一つの塊りという内容を持っていたのは、けっして単なる理論的誤謬という問題ではなかったのである。[OR: 89f.=130f. 強調引用者]

アレントは、「政治の観点から言えば同情は無意味であり何の重要性もない」と述べている[14] [OR: 81=129]。というのも、「同情は距離を、すなわち政治的問題や人間事象の全領域が占めている複数の人間同士のあいだ (between men) の世界的空間を取り除いてしまう」からである [OR: 81=129]。先に確認したように、貧しさに苦しんでいない存在や上層階級は、「自然な人間的反応」として不幸な存在や下層階級に対して「同情」を示す。このとき、こうした存在の間には論争を生むような「関心 (interest)」は生じない。ここにおける「関心」という言葉についてアレントは、ラテン語を手がかりにしてそれが「あいだにある (*inter-est*) 何かを形成」し、「人々のあいだにあって、それゆえ、人々を関係づけて結び付けうる何か」と理解する [HC: 182=297]。このことから「関心」は、「両者のあいだ」を意味し、「関心」が生じるところでは「誰かが誰かに向かって両者に関心のあることについて語る」、とアレントはさらに理解を深めるのである [OR: 81=129]。つまり、「複数の人間」同士がある事柄について各々の多様な意見を語る、あるいは、意見を闘わせて論争するとき、そこには「あいだ」が生じていることになる。この限りにおいて、フランス革命ではアレントの論じる意味での「政治」が生起することはない。

前の章でも確認したように、アレントは、一九五〇年八月の思索記録の中で「政治は複数の人間のあいだ」に生じると論じている [DTB1: I [21], S.17 = 24]。多様な意見が語られる、あるいは、闘わせられる「あいだ」を生まない「同情」は、アレントの論じる「政治」にとって何ら意味や重要性を持たない。前節で確認してきた、フランス革命の担い手たちを駆動させた「「自然的」な強制力」の起原が、「政治的領域の外部にある」ことを想い起せば、アレントにとってフランス革命は「政治」的な出来事として捉えることができない。多様な意見を有するさまざまな差異を有する「複数の人間」が、パンを求めるという「一般意志」のもとで「一つの肉体」あるいは「一つの塊」としての「人民」――「単数の人間」――に統合されるとき、「政治」と結びつく「自由（freedom）の創設」は立ち行かなくなる［OR: 88ff.=138ff.］。「政治」への関心を不可欠とするアレントの論じる意味での「革命」という観点からフランス革命を眺めるとき、それは彼女の肯定的に論じる「革命」とは異なるものとして理解することが求められるのである。

アレントの「アメリカ革命」論

すでに確認してきたように、「アメリカ革命」は、「共和政」の樹立を目指した「複数の人間」の「行為」に基づく「政治」的な出来事として捉えることができる。したがって、「アメリカ革命」において、「あいだ」は生じていたことが推測される。ここで、「アメリカ革命」において生じていたと推測される「あいだ」を確認するため、パンを求めるという「一般意志」のもとに統合された「単数の人間」としての「人民」とはアレントが区別して論じた、「アメリカ革命」の担い手である「複数の人間」を意味する「人々(15)（people）」に着目する。「人々」は、「多数（manyness）という意味を持ち」、「その尊厳がまさに複数性に存するような、限りなく変化に富む群衆という意味」を有する［OR: 88=138］。このことから明らかなように、「アメリカ革命」を担ったこの「人々」は、フランス革命を担った「人民」とは区別される。「人々」は、「それぞれの意見と関心をもつ群衆という意味」として捉えることが要請される〔OR: 89=139〕。「アメリカ革命」を担った「人々」は、それぞれが固有の「意見」を有するために「一つの意志」によって統合されることはない。「アメリカ革命」は、こうした「それぞれの意見と関心」を有する「人々」がなす、「対等者のあいだで行われる意見の交換」によって構成されたのであった〔OR: 88=138〕。アレントは、この「対等者のあいだで行われる意見の交換」と「自由（freedom）」を結びつけて論じる。『過去と未来の間』に所収されている「自由とは何か」という論文において、アレントは「自由（freedom）」について、次のように述べる。

自由（freedom）は、単なる解放に加えて、同じ状態にいる他の複数の人間とともにあることを必要とし、さらに、彼らと出会うための共通の公的空間、言いかえれば、自由な複数の人間の誰もが言葉と行いによって自らを挿入しうる政治的に組織された世界を必要とした。〔WF: 147=200〕

「アメリカ革命」は、「政治」という、多様な「意見」を有する対等な関係性にある「複数の人間」としての「人々」が意見交換するという「行為」を通じて進展してきたのであり、そうした過程で「自由（freedom）」が立ち現れた。その結果として、アメリカでは、「憲法の作成が自発的に行われ」〔OR: 139=221〕、「新しい統治形態」を「創設」するにいたったのである。そして、その「創設」された「新しい統治形態」としての憲法は、「人々」による「行為」という修正を繰り返す中でその「権威」を増大させ、増加させる。したがって、「政治」において、「何か全く新しいことを始めるという「革命的」行為」とそれによってもたらされる「新しい始まり」には、対等な関係性にある「複数の人間」が意見交換するという「行為」をできる状況としての「自由

(freedom)」が不可欠なのである。

第五節　「新しく革命的なもの」を「保守」する教育

本書でも度々取り上げているが「教育の危機」において、アレントは自らが批判する「進歩主義教育」とは異なる、「子どもに共通世界を刷新する使命への準備を前もってさせる」ことのできる教育を要請していた［CE: 193=264］。そのために、「どの子どもの中にもある新しく革命的なもののために教育は保守的でなければならない」とアレントは述べていた［CE: 189=259］。ここで、前節までの議論を振り返りつつ、「どの子どもの中にもある新しく革命的なもの」を「保守」する教育について考えたい。

第三節で確認してきたように、アレントは自らの論じる「保守」と「革命」を密接不可分な重なりを持つ関係にあるものとして理解していた。このことを踏まえると、「教育の危機」における子どもの中にある新しさとしての「革命的なもの」と「保守主義」の関係性は、重なりを持つものとして理解することが求められる。このアレントが使う「保守」や「革命」といった言葉の内実は、政治的信条やイデオロギーとの関わりで用いられるそれとは異なるものとして理解することが重要となろう。というのも、『革命について』の中でアレントは、「保守的」あるいは「革命的」という言葉を政治的信条やイデオロギーとは区別していたからである［OR: 37=61］。したがって、アレント教育論における「保守主義」は、政治的信条やイデオロギーから影響を受ける教育内容の問題として引き受けてはならない。

アレントは、子どもにとって「世界」が生まれる前から存在するものであるという点に着目して、「学びは当然、過去に向かわざるをえない」と指摘していたが［CE: 192=263］、過去のものを扱う際には注意を払う必要が出てくる。ここで今一度、第二節で検討したゴードンの議論に立ち返りたい。

ゴードンは、アレント教育論が多くの「主流の保守派」と共有する点を見出しつつも、「子どもの中にある新しいもの、あるいは、革命的なものを守るのと同時に人間の永住の地である世界を守る」という主張にアレント独自の「保守的」な視点を捉えていた［Gordon, M 2001b: 47］。そして、このような視点を踏まえつつ、子ども達に過去の伝統や偉大な作品を含めた「古いもの」としての古典を教えることを通じて、子どもが「真珠採り」になることを可能にするような「保守的」な教育を提起するのであった［cf. Gordon, M 2001b］。しかし、「真珠採り」が海底から引き揚げる、これまで発見されることがなく、「豊かなものや不思議なもの」となった「真珠や珊瑚」としての「思考の断片」は、ゴードンが述べるような古典の中には見出すことのできないものであるかもしれない。このことを踏まえたとき、子ども達に古典を教える存在は、その古典からこぼれ落ちる新しい「思考の断片」があることを受け止めなくてはならない。その上で、古典を教える存在は、子ども達が「真珠採り」であることを可能にするような援助をすることが求められるのである。

こうした視点は、田中智輝のアレント理解とも共有するところがあるだろう。というのも、田中は、古典を学ぶことがなぜ新しいものの創造につながるのか、ということの解明がゴードンの仕事には残されていると指摘するからである［田中智輝 2017: 122］。こうした指摘を踏まえて田中は、ゴードンとは異なり古典を教えるという立場は採らず、「これまで見られ、聞かれていたのとは別様の過去を発見し、あり得たかもしれない可能性を思考する営み」として教育を捉え直そうとする［田中智輝 2017: 133］。ここにおいて、田中が、この「思考」する営みは「既存の政治体を支える「正しい歴史」に抗する、という点で極めて政治的なものである」と指摘していたことは注目に値する(16)［田中智輝 2017: 132ff.］。というのも、前章でも確認したように、アレントは「リトルロックの省察」の中で黒人と白人の統合問題解決のために大人が子どもを政治的に利用する姿を問題視していたからである［cf. RL］。繰り返しの引用となるが、「教育の危機」の中でアレントは、「旧いものである〔大人の〕私たちが、そのあり様を規定するように新しい人々〔としての子ども〕を意のままにしようとすれば、私たちはすべてを破壊する」と論じていたことを想い起すのであれば［CE: 189＝259］、大人が子どもの新しさを破壊するようなことは忌避しなくてはならない。このアレントの議論を踏まえたとき、子どもが、「正しい歴史」に抗するような、「これまで見られ、聞かれていたのとは別様の過去を発見し、ありえたかもしれない可能性を思考」した場合、大人がそれを利用することは徹底的に避けなければならないだろう。むしろ、大人は、そうした子どものあり様を保持することが求められる。では、この子どものあり様はいかにして保持されるのか。あるいは、子どもはいかにして新しいものをもたらすのか。このことへの応答は、ゴードンや田中らが取り組んできた「思考」に加えて、これまで本章が検討の対象としてきた「行為」という別様の営みが不可欠となるように思われる。ここで、これまで本章が取り組んできた「保守」と「革命」の不可分な結びつきに再度注目することでこのことを考えていきたい。

繰り返しになるが、古典を教えるにせよ、「これまで見られ、聞かれていたのとは別様の過去を発見し、ありえたかもしれない可能性を思考」するにせよ、これらの営みが直接的に新しいものをもたらすとは言い難い。これまで確認してきたように、「政治」における新しい「始まり」は、「自由（freedom）」という状況のもとで対等な関係性にある「複数の人間」が固有の意見を交換するという「行為」を通じてもたらされるのであった。そして、そのようにして生じた新しい「始まり」は、「複数の人間」の更なる「行為」によるメンテナンス――その

「権威」を増加させながら保持するという「保守的」な営み——を求めるのであった。ここに、「行為」を介して「保守」と「革命」が重なり合うことが確認される。

このことを踏まえれば、「新しく革命的なもの」を「保守」する教育にとって、古典を教える、あるいは、「これまで見られ、聞かれていたのとは別様の過去を発見し、ありえたかもしれない可能性を思考」するという営みに加えて、「自由（freedom）」という状況で対等な関係性にある者同士が自らの固有な意見を交換させることができるということが重要となる。こうした「自由」に基づいて、子どもが「行為」するとき、新しい「始まり」の到来は見込まれる。そして、このことを通じてもたらされる（かもしれない）新しい「始まり」は、つねにそうした次の「行為」によるメンテナンスとしての「保守的」な営みを不可欠とする。

これまで度々確認してきたように、アレントは「子どもに共通世界を刷新する使命への準備を前もってさせる」ことのできる教育を要請していた［CE：193=264］。アレントの論じる「保守的」な教育は、子どもが起こしうる繰り返しの「行為」によるメンテナンスを通じて「世界」を刷新することができるような「準備」としての役割を課されるのである。アレントの論じる教育における「保守主義」は、以上のようなものとして理解することができる。ここに、アレント教育論における独自の「保守主義」の内実が明らかになり、教育における「保守」を再考する端緒を見出すことができるのである。

第六節　近代教育とは異なる教育の「保守主義」

本章の目的は、アレントの「革命」をめぐる議論の観点から彼女の教育論における「保守主義」を読み解くことを通じて、教育における「保守」の意味を再考することであった。ここで本章の議論を振り返る。

まず、アレントの「保守的」な教育論と「主流の保守派」の教育論の関係性を整理したゴードンの研究を手がかりとすることを通じて、両者の異同を中心に検討した。ゴードンによれば、アレントと「主流の保守派」は、「権威」について共有するところが多くある。しかし、「主流の保守派」とアレントで決定的に異なるのは、新たに生まれてくる存在に対する態度である、とゴードンは述べる。新たに生まれてくる存在がいかにして新しい「始まり」をつくるのか。このことを可能にするために、ゴードンはアレントを手がかりとしつつ古典を教えることの意義を説いたのである。

しかし、ゴードンの研究において、この新しい「始まり」がもたらされるプロセスについては検討の余地を残していた。そこで次に、『革命について』におけるアレントの「革命」に関する議論の観点から彼女の論じる「保守」を理解することに取り組んだ。アレントは、「革命」という言葉が、天文学上の議論に由来するということに着目し、政治体があるべき統治形態へと復古することを指し示すものであると述べる。このことから「アメリカ革命」は、あるべき統治形態としての「共和政」へと回転して辿りつくことを目指した運動として理解できる。この「共和政」の樹立には、「権威」の問題が不可欠なものとして生じてくる。「アメリカ革命」を担った「人々」は、この「権威」が「増大」や「増設」といった意味を有している点に着目する。アレントは、こうした「権威」に関する議論を紐解く中で「増大による創設と保存」の間に一致する関係性をみてとり、「何か全く新しいことを始めるという「革命的」行為」と「この新しい始まりを守るという保守的な気遣い」が結びつくと主張する。アレントは、こうした理解を土台に据えて「アメリカ革命」とフランス革命を対比的に論じる。

アレントは、フランス革命が「自由（freedom）」の構成に失敗したと考える。パンを求めるという「一般意志」に統合された「単数の人間」としての「人民」が革命の舞台に立ち現れたとき、「自由（freedom）」の構成は叶わぬものとなった。それに対して、「アメリカ革命」は、「複数の人間」としての対等な「人々」がそれぞれの意見を交換させるという「行為」を通じて展開してきた。このことからアメリカでは、「自由（freedom）」の準備が整っていたとアレントは考える。「政治」において、「何か全く新しいことを始める」こととそれによってもたらされる「新しい始まり」には、「自由（freedom）」という状況において対等な関係性にある「複数の人間」が意見交換するという「行為」を欠くことができない。このようにして生じる「新しい始まり」は、更なるメンテナンスとしての「行為」を要請する。ここに、「行為」を介して「保守」と「革命」を重ねて理解するアレントの議論を確認することができる。

最後にこうした議論の観点から、アレント教育論における「保守主義」を理解し、従来の教育学における彼女の教育論の「保守的」な側面に対する理解のアップデートに取り組んだ。アレントの論じる「保守的」な教育では、古典を教えること、「これまで見られ、聞かれていたのとは別様の過去を発見し、ありえたかもしれない可能性を思考する」ことに加えて、「自由（freedom）」という状況において対等な関係性にある者同士が自らの固有な意見を交換させることができること、という三つの要素が重要となる。こうした「自由（freedom）」に基づいて、子どもが「行為」をするとき、新しい「始まり」は到来する（かもしれない）。そして、このことを通じてもたらされる（かもしれない）新しい「始まり」は、つねにそうした「行為」によるメンテナンスとしての「保守的」な配慮を不可欠とする。アレントの論じる「保守的」な教育とは、子どもが起こしうる繰り返しの「行為」によるメンテナンスを通じて「世界」を刷新することができるような「準備」としての役割を担うことが求められる。ここに、アレント独自の教育における「保守主義」の内実が示されるのである。

本章で検討してきたアレント教育論における「保守主義」では、伝統や価値の伝達に力点が置かれない。これまでの本章での検討からも明らかなように、アレントの論じる「保守」は「革命」と密接不可分な重なりを持つものとして理解することが求められる。この「保守」と「革命」の結びつきは、「何か新しいことを始めるという革命的行為」とそれによって生じた「この新しい始まり」を増大させながら「守るという保守的な気遣い」のもとに確認することができる。「行為」を通じて生じた新たな「始まり」は、更なる「行為」を通じて「権威」を身にまとうことになる。ここにおいて、「行為」によって生じた新たな「始まり」は、更なるメンテナンスとしての「行為」と断絶されたものとして理解することは避けなくてはならない。むしろ、（詳細は次章で検討するが）「行為」によって生じた「始まり」は、次なる「行為」と密接な関係性にある。こうした「保守」と「革命」に関する議論の観点からアレント教育論を理解するとき、彼女の独自性が明るみになるのである。教育は何を「保守」するのか、この問いに対してアレントはこれまでの教育学で議論されてきたような視点とは異なる新たな一つの見方を示してくれるように思われる。

しかし、繰り返しになるが、ここでアレントが大人による子どもの政治利用を問題視していたことを想い起こさなくてはならない［RL: 204=375］。子どもが、それぞれの関心に基づく意見を交流させるとき、それが「政治」性を有する可能性は十分に考えられる。このことを踏まえたとき、大人が子どもの意見、あるいは、彼らによる論争を政治の舞台に持ち込んだり、利用したりすることは避けなくてはならない。アレントの「保守的」な教育論では、大人に政治利用される子どもと政治の関係性とは異なる、新たな子どもと政治の関係性が要請されるのである。したがって、アレントの「行為」に関する議論をシームレスに「保守的」な教育論に導入して良いのか、という点についてはさらなる検討を要する。この検討を経た先に、「政治理論家」ハンナ・アレントを「教育理論家」として理解することが可能となるだろう。

この「行為」については、これまでの章でもさまざまな観点から検討してきた。そこで、次の第四章では、これまでとは異なる視点でこの「行為」について迫ることにしたい。その際に着目するのが、「行為」における「非主権性」という性格である。次章では、この「行為」における「非主権性」という性格に着目することを通じて、子どもと政治の関係性について考えていくことにする。

註

（1）本章の目指すところとは異なるが、林大地も「教育の危機」におけるこの「保守」と「革命」のつながりに注目をしている。林は、このつながりの観点から『人間の条件』のドイツ語版である『活動的生』に迫り、「世界の永続性」と「人間の不死性」の関係性について考察を進める［林 2023］。

（2）アレントが「アメリカ革命」と呼ぶ出来事は、一般的にアメリカ独立革命と呼ばれる出来事を指している。やや議論を先取りするのであれば、アレントは、従来の歴史認識に対抗するため、意図的に「アメリカ革命」と表現する。このことについては、第四節で確認する。

（3）同論文は、ゴードン自身が編者を務める論集『ハンナ・アレントと教育――私たちの共通世界を刷新する』に再録されている［cf. Gordon, M 2001］。本書では、この再録されている論集のものを参照している。

（4）第二章でも確認したように、死すべき存在としての人間が生きる「世界」は、「彼らによって作られるがゆえに消耗」し、「彼らと同様に死すべきものとなる危険を賭する」定めにある［CE: 189=259］。この「消耗」と「危険」に抗するために「世界」は、そこに誕生する新たな人間による刷新を不可欠なものにするとアレントは考えている［CE: 189=259］。

（5）アレントは、『暗い時代の人々』のベンヤミンの章の第三節で『テンペスト』の中で空気の精、エアリエルが歌う一節を引用する。以下に引用する。「父は五尋海の底、その骨はいま白珊瑚、かつての二つの目は真珠、その身はどこも朽ちはてず、海はすべてを変えるもの、いまでは貴重な宝物」［シェイクスピア 1983：43f.］。この歌は、第一幕の第二場に登場し、死んだナポリの王アロンゾーの長男であるファーディナンドがエアリエルの歌を聴く一節である。

（6）この「不可抗力性」は一九世紀になるとヘーゲルの歴史哲学やマルクスの唯物史観へと継承されて「歴史的必然という観念に概念化」されていく［OR：42=67］。

（7）後述することになるが、アレントは、「自由」について論じるとき、freedom と liberty という二つの単語を使い分けて論じている。そこで、以降では、この二つの自由を区別するため、「自由（freedom）」と「自由（liberty）」に区別して記載することとする。

（8）アレントは、ロベスピエールも「アメリカ革命」の担い手と同じ意見を共有するだろうと述べる［OR：139=221］。先に確認したように、二つの革命は、初期の段階では方向性を共有していた。しかし、両者は途中からルートを異にする。この「アメリカ革命」とフランス革命の異同については次節で詳細に検討することとする。

（9）アレントによればこの一致は、ラテン語の *condere* という単語に着目することでより明瞭になるという。この *condere* は、「*Conditor*（＝創設者）」と呼ばれるラテン初期の農業の神に由来」する単語であり、この農業の神の役割は「作物の成長と収穫を司る」ことにある［OR：204=324］。アレントはこの点に着目し、この農業の神は「明らかに創設者と保存者の役割を同時に兼ねていた」と考察する［OR：204=324］。

（10）アレントは、こうした古代ローマ的精神の観点から「アメリカ革命」を説明することが恣意的ではないことの根拠を、それらを担った存在が「建国の父（founding fathers）」と自らを呼称している点に見出す［OR：204=324］。

（11）アレントは、「解放」と「自由（freedom）」が同じものではないと述べ、「解放」の中に「自由（liberty）」の観念が含まれていると論じている［OR：22=39］。

（12）アレントは、「ルソーが同情を政治理論に取り入れたとすれば、それを偉大な革命的雄弁の激情をもって市場に持ち込んだのはロベスピエールであった」と指摘している［OR: 76=121］。

(13) アレントはルソーが「一般意志のこの隠喩を真面目に、また文字通りに受け取っていたので、国民を、一個人のように、一つの意志によって動かされる一つの肉体と考えていたのである」と述べている［OR: 71=115　強調引用者］。

(14) アレントは、「アメリカ革命」では「同情」が革命の原動力とならなかったことを指摘する。「〔アメリカでは〕社会問題はすべての実際的目的としては存在せず、それとともに革命家たちを突き動かすもっとも強力で、おそらくもっとも破壊的な情熱、同情の熱情は存在しなかった。／誤解を避けるために言うのだが、革命において果たしたその役割のためにここで扱っている社会問題を、ここ数十年のあいだに社会科学の主要課題となっている機会平等の欠如とか、社会的地位の問題と混同してはならない」［OR: 66=109］。

(15) 本節の議論に限って、フランス革命の担い手である「人民」とは区別された「アメリカ革命」の担い手である「人々」を意味する場合は、「　」を付す。

(16) 村松灯は、アレントの論じる「思考」が非政治的な営みであるがゆえに「政治」性を有すると指摘している［cf. 村松 2013］。

第四章　「行為」における「非主権性」

――主権者教育から「政治」教育の方へ

第一節　「主権」を批判するアレント

本章の目的は、アレントの「行為」における「非主権性（non-sovereignty）」の観点から彼女の「保守的」な教育論を読み解くことである。そして、この「非主権性」に基づく子どもと政治の関係性を考えることを通じて、主権者教育の問い直しを試みる。

序章で確認してきた先行研究の状況に立ち返るのであれば、アレントの議論は、これまでシティズンシップ教育を考える際に重要な役割を果たしてきた［cf. 小玉 2003］。とりわけ、第五節での検討対象となるアレントに依拠して子どもと政治の関係性を論じる先行研究の中には、市民的権利のための子どもの政治参加を肯定的に論じるものがある［Elshtain 1995］［木村 2001］。しかし、これまでの本書の検討から明らかなように、「リトルロックの省察」の中でアレントは、市民的権利のための運動として位置づけられる黒人と白人の統合問題の解決に子どもを利用する大人に対して厳しい批判を投げかけていた［RL: 204=375］。したがって、アレントの「保守的」な教育論に依拠して子どもと政治の関係性を考えるには、先の彼女の批判を踏まえた修正が不可欠となる。では、大人による子どもの政治利用を避けた子どもと政治の関係性はアレントの議論の観点からどのように考えることができるのだろうか。

この問いへの応答の手がかりとなるのが、本章で検討の対象となるアレントの論じる「行為」における「非主権性」である。すでに本書を通じて確認してきたがアレントは、「政治」と密接な関係性にある「行為」が「単数の人間」ではなく、「複数の人間」、すなわち、人々によってなされるものであると指摘する［HC: 7=20］。この「行為」は、人々によってなされるため、それがいかなる結果を招くのかということに対して、誰も制御することや予測することができない［HC: 235=369］。アレントは、この点に「行為」における「非主権性」をみてとる［HC: 235f.=369］。この「行為」における「非主権性」に着目したとき、大人に政治利用される子どもと政治の関係性とは異なる、子どもと政治の新たな関係性が拓かれる。ここに主権者教育を問い直す契機を見出すことができるかもしれない。

近年、主権者教育は注目を浴びている。というのも、二〇一六年に選挙権年齢が満一八歳へ、二〇二二年度には成年年齢が満一八歳へ引き下げられたことにともない、今次の学習指導要領のもとでの初等・中等教育は、「子供たちが主体的に、主権者として必要な資質・能力を身に付けていくことがこれまで以上に重要」となっているからである［主権者教育推進会議 2011: 2］。こうした中で、主権者教育推進の意義と学校教育における具体的な教育実践の方法を検討した研究［佐貫 2016］や、明るい選挙推進協会が刊行している広報誌『Voters』に掲載されている主権者教育推進に向けた理論や実践に関するさまざまな研究など、主権者教育の推進に向けた研究が著しく増加している。「主権者教育の推進に関する検討チーム」では、主権者教育の目的を政治に関する単なる知識習得に留めず、「主権者として社会の中で自立し、他者と連携・協働しながら、社会を生き抜く力や地域の課題解決を社会の構成員の一人として主体的に担うことができる力を身に付けさせること」（1）としている。こうした主権者教育は、「社会の構成員としての市民が備えるべき市民性を育成するために行われる教育」としての「シティズンシップ教育」の中心をなすものとして位置づけられることもある［常時啓発事業のあり方等研究会 2011: 7］。

そもそも、ここにおける「主権者」とは、具体的に誰を指すのか。日本国憲法の前文には、「主権が国民に存することを宣言し、この憲法を確定する」との記述を確認することができる。芦部信喜は、この前文に記されている「主権」の内実が「国の政治のあり方を最終的に決定する力または権威」を意味し、この「力や権威」が「国民に存する場合は国民主権と呼ばれる」と述べる［芦部 2019: 40］。これらのことから国民は、「主権」を有する存在として自らを規定し、「主権者」として位置づけられるのである。

この「主権」という言葉は、さかのぼると俗ラテン語に行き着くと言われている。ここで駒村圭吾による説明を確認したい。

> 主権は英語で sovereignty であるが、その形容詞 sovereign は仏語の souverain（古仏語では soverain）に由来し、さらに俗ラテン語の superanus（「より上の」「他に優《まさ》る」の意）にさかのぼるとされている。なお、sovereign に近似する語として、西洋思想史に頻繁に登場する supreme（名詞は supremacy）があるが、これも俗ラテン語の superus の最上級 supremus（「最も上の」の意）に由来する。［駒村 2023: 31］

俗ラテン語にまでさかのぼると「主権」は、「その原義においては「より上位のもの、最上位のもの」を意味」するものとして理解することができる［駒村 2023: 31］。駒村によれば、「主権論（とそのもとで展開された諸議論）の淵源は、至高なるもの、すなわち「至高なる神（sovereign God）」にさかのぼる」ことが求められる［駒村 2023: 31］。これらの議論から明らかなように、「主権概念が一神教の神の至高性（sovereignty）に、言い換えれば、絶対的な高さに由来するように、主権者とは、法をも超越した神であるということを、人が標榜することに他ならない」のである［嘉戸 2022: 3 強調原文］。これらの議論を踏まえたとき、国民主権に関する議論は、こうした「主権論」から派生したものとして理解することが求められる。

ここにおいて、次のような問いを提起することができる。それは、「至高なる神」から派生した「主権者」国民は、複数であることを前提に据えることができるのだろうか。この前提に立つとき、主権者教育は、個々の国民が有するさまざまな差異を捨象し、彼らを一者――「単数の人間」――に統合することを目指しているようにみえるかもしれない。というのも、「主権」に関する議論が、右記のような議論を踏まえつつ再定義したジャン・ボダンからトマス・ホッブズやジャン＝ジャック・ルソーへと流れることを考慮するのであれば［cf. 佐々木 2014］［cf. 山岡 2019］、前節で確認してきたアレントの議論の観点からは「複数の人間」を「単数の人間」へと統合するものとして理解することができるからである。実際、第三章で明らかにしたようにアレントは、ルソーが「主権」を「個人のもつ力としての意志のイメージ」と結び付けていると述べ［WF: 162=221］、フランス革命が「複数の人間」を「一般意志」のもとで「一つの肉体」あるいは「一つの塊」と表現される「人民（le peuple）」に統合していたと指摘する［OR: 88ff.=138ff.］。

仮に主権者教育がこうした「主権」論を前提にしているのであれば、それはこれまでの本書の検討成果の観点から批判的検討の対象とされるのかもしれない。このとき、主権者教育はそれ自体が問い直しの対象となる可能性を有することになるだろう。しかし、先に検討してきたものをはじめとしたこれまでの主権者教育に関わる研究領域では、主権者教育そのものやそれが前提とする「主権」概念を批判的に検討することを十分に行ってきたとは言い難い状況にある。ここに、「主権」を批判し、「非主権性」を重視したアレントの議論を手がかりとすることの意義が確認できる。(2) そして、このことは、主権者教育とは異なる、アレント教育論から導かれる「政治」教育の構想を詳らかにすることを予感させる。

以上を踏まえて本章では、アレントの論じる「行為」における「非主権性」の観点から、彼女が「保守的」な教育論で展開する批判——大人による子どもの政治利用——を受け止めた子どもと政治の関係性について考えたい。そのために以下の課題に取り組む。第一に、アレントの論じる「非主権性」を理解するための準備作業として、「主権」、および、「主権者」に関わるカール・シュミットの議論を確認する(第二節)。第二に、アレントの主著と位置づけられる『人間の条件』を中心にして「行為」が有する非主権的な性格について確認する(第三節)。第三に、「行為」の前提に据えられる人間の「出生性(natality)」や「誕生(birth)」に関する議論に着目することを通じて、「行為」の構造原理を明らかにする(第四節)。第四に、以上の議論を踏まえつつ、アレントに依拠して子どもと政治の関係性を論じる先行研究を批判的に検討し、「行為」における「非主権性」に基づく子どもと政治の関係性を考える(第五節)。

第二節　アレントにおける「主権」批判の前日譚
――カール・シュミットの「主権」論を手がかりに

よく知られているように、先に確認してきた議論を踏まえつつ「主権」を再定義したのはフランスの政治思想家ジャン・ボダンである。ボダン以降に「主権」を取り扱う多くの論者は、「主権とは、国家の絶対かつ永久の権力である」という彼による定義を拠り所にする［ボダン 2015:175］(3)。この定義から始まる『国家論』の第一巻第八章は、「ボダンの名を不朽のものたらしめた」と言われている［佐々木 2014: 99］。先に言及したホッブズやルソーはもちろんのこと、このボダンの定義から「主権」と「主権者」に関わる議論の精緻な検討は拡大することになったと言っても過言ではない［cf. 嘉戸 2022］。

本節では、そうした多様な論者の中から二〇世紀ドイツで活躍したカール・シュミットを選出し、彼の議論を参照することにしたい。というのも、シュミットはボダンが『国家論』の中で「主権」概念を論じる上で誰も引用しない「核心」の部分に着目していると自負するからである［Schmitt 1922: S. 11=2007: 4］。

ボダン以降の「主権」に関わる議論を精査したシュミットは、それとの関わりで――ボダン同様によく参照される――「主権者とは例外状態（den Ausnahmezustand）について決断する（entscheidet）者である」と定義づける［Schmitt 1922: S. 9=2007: 2］。この「例外状態」との関わりで論じられる「主権」論については、イタリアの思想家であるジョルジョ・アガンベンによって批判的検討が加えられ、その際に彼が拠り所とするのがアレントの「全体主義」批判とミシェル・フーコーの「生権力」論である［cf. アガンベン 2003］。本節では、このアガンベンが着目するアレントの「全体主義」批判と連なる「複数の人間」に関わる「政治」という観点からシュミットにおける「主権」論に迫り、彼女の議論と「主権」論の相性の悪さを確認する。というのも、この相性の悪さは、アレントが「非主権性」を重視する理由を詳らかにしてくれるように思われるからである。そして、このアレントの論じる「非主権性」は、アガンベンがフーコーの「生権力」論を介して示した「主権」論の問題性とは異なる仕方でその陥穽を明らかにしてくれることが期待できる。(4) そこでまずは、シュミットにおける「主権」論の概略を簡単に確認していきたい。

シュミットの「主権」論

シュミットによると、「主権」、および、「主権者」について論じるにあたって「ボダンを引用しない者はまれであるが、引用箇所は決まっている」のである [Schmitt 1922: SS. 10–11=2007: 4]。もちろん、シュミットもこの「決まっている」引用箇所――「主権とは、国家の絶対かつ永久の権力である」――の重要性は認識しているが、彼はボダンの「主権」論をより一層深化させるために多くの論者が注目してこなかった「核心」の部分に着目する。それは、『国家論』第一巻第一〇章の「主権の真の特徴について（Vraies remaques de souveraineté）」であるとシュミットは言う [Schmitt 1922: S. 10=2007: 4]。そして、シュミットは、その議論を次のように自分の言葉で語り直す。

彼〔＝ボダン〕はその概念を多くの具体的な事例に基づいて論じるが、結局いつも次のような問題にいたる。すなわち、主権者はどこまで法に拘束され、等族に対して義務を負うのか？という問題である。この格別に重要な究極的問題に対するボダンからの応答は次のようなものである。約束というものが拘束力を持つのは、約束を義務づける力が自然法に基づくものだからである。ただし、緊急事態においては、一般的で自然的な法則にしたがってこの拘束力は失効する、と。彼は一般的な形で次のように言う。すなわち、君主が等族や領民に対して義務を負うのは、その約束の履行が領民の利益に適う場合に限られるのであり、緊急の場合には(si la nécessité est urgente)それに拘束されない、と。[Schmitt 1922: S. 10=2007: 4〔 〕内引用者]

シュミットによると、ボダンの説明する「主権」論で決定的に重要なのは、彼が「緊急事態」との関わりで「君主と等族の関係を単純な二者択一の形式で突き詰めた」ことにある[Schmitt 1922: S. 10=2007: 4]。このことからシュミットは、「主権を不可分の統一体として把握し、しかも国家権力の問題に最終的な解決を示した」という点にボダンによる「主権」の定義の重要性をみてとり、「彼の学問的功績は主権概念に決定(die Dezision)の要素を持ち込んだところにある」と述べる[Schmitt 1922: S. 10=2007: 4]。以上がボダンの「主権」論における「核心」であるとシュミットは考える。

シュミットは、こうした議論を拠り所として——もちろん、ボダン以外にも「主権」概念や「主権者」概念について探究した論者を参照しつつ——、先に確認した「主権者とは例外状態について決断する者である」という定義を確定させるのである。ここで、本節では、「主権者」が「決断する」ということについて、これまで本書で確認してきたアレントの議論との関わりで少し考えていきたい。その前に「主権者」が「決断する」という「例外状態」について簡単に確認する。

「主権者」が「決断する」という「例外状態」はいかなる状態なのか。「例外」という言葉からも明らかなように、「法秩序」のもとでは「例外状態」とは何であるかということをあらかじめ明示することはできない［Schmitt 1922: S. 9=2007: 3］。仮にそれができるとすれば、せいぜいのところ「最悪の窮地」や「国家の存亡の危機」といったような表現となる［Schmitt 1922: S. 9=2007: 3］。シュミットは、ここに「主権の主体の問題」が生じると考える［Schmitt 1922: S. 9=2007: 3］。「例外状態」は、「例外」であるがゆえに、「どのようなときが緊急事態であるのか」、「それが真に究極の緊急事態であり、その解消のためにどのようなことができるのか」を「法秩序」のもとではあらかじめ示すことができない［Schmitt 1922: SS. 9-10=2007: 3］。シュミットの論じる「主権者」とは、こうした状況を決断できる――「主権者は究極の緊急事態の存否とその除去のために採るべき措置を決断する」［Schmitt 1922: S. 10=2007: 3］――存在として理解しなければならないのである。

これまで検討してきたアレントの議論の観点から眺めると、「例外状態について決断する」という「主権者」は「単数の人間」であることが求められるだろう。というのも、シュミットの「主権」論において、「決断する」ことができる「主権者」は複数を想定することができないからである。シュミットの「主権」論では、ある「主権者」が下した「例外状態」についての「決断」に対して、それとは異なる「主権者」が別の視点から「例外状態」であると「決断」を下す、あるいは、それが「例外状態」ではないと「決断」を下すことは考えられない。「主権者」は、「至高なる神」に由来する単数の存在――「単数の人間」――であることが求められるのである。しかし、「複数の人間」に基づく「政治」を前提とするとき、こうした「主権者」を想定することは不可能となる。「複数の人間」に基づく「政治」では、単数の存在による統制を利かすことができず、人々が起こす「行為」は予見不可能な方向へと展開する。ここに、次節で検討の対象となる「行為」における「非主権的」な性格をアレントはみてとる。やはり、アレントと「主権」や「主権者」に関わる議論は相性が悪いのである(5)。では、この

「行為」における「非主権的」な性格とはいかなるものなのか。次節では、このことに対するアレントの原理的な考察に迫っていきたい。

第三節　「行為」がもたらす新しい「始まり」
――「非主権的」な性格に着目して

『人間の条件』の第一章においてアレントは、「行為」を「物あるいは事柄の介入なしに直接複数の人間のあいだで行われる唯一の活動力」であると定義づける［HC: 7=20］。この「活動力」は、「地球上に生き世界に住むのが**単数の人間**ではなく、複数の人間である」という「複数性という人間の条件」に対応している［HC: 7=20］。そして、この「複数性」は「全政治生活の条件であり、その必要条件であるばかりか、最大の条件」として位置づけられる［HC: 7=20］。この「行為」では、すでに確認してきたように主に言葉を用いた「話し合う」といった形態を採るのが一般的である［HC: 178=290］。

アレントはこの「行為」をどのような営みとして理解しているのだろうか。これまで本書ではさまざまな観点からこの「行為」について確認してきたが、本章では「非主権性」という観点から光を当てたい。

「行為」における二つの側面

アレントによれば、今日一般的に理解されている「行為する」という動詞は、古代ギリシアやローマでは「相互に関連する二つの動詞」を用いて表現されていた［HC: 189=305］。その二つの動詞とは、ギリシア語では

「*archein*（「始める」、「導く」、最終的には「支配する」）と*prattein*（「通り抜ける」、「達成する」、「終わる」）であり、ラテン語では「*agere*（「動かし始める」、「導く」）と*gerere*（これのもともとの意味は「担う」である）」になる［HC: 189=306］。このことからアレントは、「行為」という営みが、「一人の人物が行う「始まり」」とそれに「人々が大勢加わって、ある企てを「担い」、「終わらせ」、最後までやり通してその企てを達成する」という「二つの部分に分かれているようにみえる」と論じるのである［HC: 189=306］。アレントは、この二つの部分が「分かれているようにみえる」と述べているが、実際には両者が結びついていると考える。というのも、本章が着目する「行為」における「非主権性」は、この二つの部分を結ぶ役割を果たしているからである。(6)では、二つの部分──*archein, agere*と*prattein, gerere*──の結びつきはいかにして理解することができるのか。そこで以下では、この二つの結びつきを「アルケイン─プラッティン構造」として把握した森川輝一［2011］の研究を手がかりとすることを通じて、「行為」における「非主権性」についての検討を試みたい。

森川は、現実の「行為」の体験において、(7)「アルケイン」と「プラッティン」が「截然と区別されるわけではない」と述べる［森川 2011: 35］。森川によれば、「行為」の経験というのは、「始める者」と「引き継ぐ者」がいなければ成立しえないのである［森川 2011: 35］。ここで森川は、二人のAとBという人物が夕食をともにするという具体例に則して右記の結びつきの説明を試みる。まず、AはBに対して自宅で夕食をともにする提案を行い、Bがそれに同意した場合、AとBの両者による「夕食という出来事の過程が始まる」［森川 2011: 35］。しかし、Aに誘われたBは、他の人物を誘ってAの家へ訪問することをAに提案し、Aが了承すれば、AとBだけの食事から他の人物も含めた「新たな出来事へと変化」することになる［森川 2011: 35］。このことから森川は、「「後に続く者」は、他者が始めた出来事の過程に新たな始まりの要素を挿入《インサート》することによって出来事を引き継いでゆくのであり、ここからみれば「プラッテイン」は常に「アルケイン」であることになる」と主張する［森川 2011：35］。

この森川の議論を踏まえたとき、アレントが、「行為する者（actor）」は「単に行う者（doer）であるだけでなく、同時に受難者（sufferer）でもある」とし、「行うことと受難することというのは、同じ硬貨の表と裏のようなもの」であると論じていた理由を理解することができるだろう［HC：190=307］。本節の冒頭で引用したように、「行為」は「直接複数の人間のあいだで行われる唯一の活動力」である［HC：7=20］。したがって、「行為する者はつねに他の行為する者のあいだを動き、他の行為する者と関係」を持つ［HC：190=307］。そのため、「行為する者」は、関係を有する他者の「行為」を被ることとなり、「受難者」としての一面も兼ね備える。つまり、「行為する者」は、「行う者」にも「受難者」にもなる［HC：190=307］。「行為する者」が行う「行為によってもたらされる物語は、行為の結果である行いと受難すること（deeds and sufferings）」という二つの側面が重なり合って生じる［HC：190=307］。ここに、「行為」が「単数の人間」ではなく、「複数の人間」を前提とすることがこれまでの章の議論とは異なる観点から確認できる。

この「行為する者」それぞれが行う「行為」は、それ自体新しい「始まり」である。そして、その「始まり」によって他の「行為する者」が「受難」して「行う」とき、それは新たな「始まり」の契機となる。すなわち、人々——「複数の人間」——が起こす「あらゆる過程は、新しい過程の原因となる」のである［HC：190=307］。このことは、すでに第三章で確認してきた「保守」と「革命」の重なりに関する議論からも確認することができる。「行為」によって生じる新しい「始まり」は、次なる新たな「始まり」と断絶した関係ではなく、連続した関係に置かれることとなる。

ただし、ここにおける連続は、単に同じものを繰り返すという意味ではなく、新たな「始まり」とは原因となるものとつながりつつもそれ自体が全く新しいものである、という意味として理解しなければならない。というのも、「あらゆる過程」は、この「新しい過程」の内実を規定することができないからである。アレントは、「人間は何か新しいことを始める能力を持っている」のにもかかわらず、他の「行為する者」によって「新しく始めた行為の帰結をコントロールできないどころか、予見することさえできない」状況に置かれると述べる［HC: 235=369］。このとき、人間は、「自分の行ったことの作者であり、行う者であるというよりは、むしろその犠牲者であり、受難者」のようにみえる［HC: 234=367］。人間を最も拘束するのは、生命の維持存続に必要な循環に拘束される「労働」でも、所与の材料に依存して自然とは異なる人工物としての世界をつくりだす「制作」でもなく、「行為」なのである［cf. HC: 234=367］。

西洋思想の伝統の誤り

アレントによれば、西洋思想の伝統において、このように拘束される人々は「自由（freedom）を利用する瞬間に自分の自由（freedom）を失」っているようにみえると捉えられてきた［HC: 234=367］。この伝統において「自由（freedom）とは、人間をかえって必然の中に誘い込むものとして非難」の対象とされてきたものである［HC: 234=367］。したがって、「主権と自由（freedom）を同一視」する西洋思想の伝統に基づくのであれば、「行為」は放棄されなくてはならない［HC: 234=366f.］。このように「行為」を放棄することのみが、「自分の主権と人格としての完全さを守る唯一の手段のように」西洋思想の伝統では考えられてきたのである［HC: 234=367］。しかし、アレントはこの西洋思想の伝統を「誤り」と述べ、この立場を斥ける［HC: 234=368］。というのも、アレントは「主権というのは、非妥協的な自己充足と支配の理念であって、ほかならぬ複数性の条件と矛盾する」と考えているからである［HC: 234=368］。では、「主権」が「複数性の条件と矛盾する」とはいかなることなのか。

先に確認してきたように、この地球上に住む人間は、同じく地球上に住む他の「複数の人間」の存在によって「行う者」にも「受難者」にもなる。したがって、「複数性」が失われて地球上に住む人間が一人にでもならない限り、ある一人の人間がすべてを統制することはできない。このことを可能にするとすればそれは唯一神のみであり、この「唯一神という仮定のもとでのみ主権と自由（freedom）は同一になる」のである［HC: 235=369］。そのため、プラトン以来の西洋思想の伝統は、「このような非主権的な条件を克服し、人格の侵すべからざる完全さを獲得する」ことを目指してきたのであるとアレントは論じる［HC: 234=368］。序章での議論を想い起すのであれば、アレントが批判する「単数の人間」の支配に基づく「全体主義」は、こうした「主権」論の極地として理解することができるだろう。

しかし、このことは「複数性の条件と矛盾する」ことを意味し、アレントにとっては受け容れ難いものであった。「自由とは何か」という論考の中で「人間の条件は、単数ではなく複数の人間が地球上に生きているという事実によって規定されており、この条件のもとでは、自由（freedom）と主権は全く異質であり、同時には存在することさえできない」と述べていることからも明らかなように［WF: 163=223 強調引用者］、アレントは西洋思想の伝統とは異なる立場を選択する。このアレントの立場に立つとき、「新しく始めた行為の帰結をコントロールできないどころか、予見することさえできない」状況は、「一方には自由（freedom）が存在し、同時に他方には主権が奪われている状態」となり、「自由（freedom）と非主権性が相互に排他的」ではなくなるのである

[HC: 235=369]。ここにおいて、「行為者は自分の行為の主人ではないという理由で行為する人間の自由（freedom）を否定する」ことと「人間の自由（freedom）という動かしがたい事実のゆえに人間の主権は可能であるという主張」はどちらも真実ではなくなる［HC: 235=369f.］。ここに、アレントの論じる「複数の人間」がなす「行為」と唯一神――「単数の人間」が想起される――という仮定でのみ成立する「主権」は相容れないことが確認されるのである。

以上の議論を踏まえたとき、「行為」における「非主権性」は、アレントの議論において要としての役割を担っていることが確認できる。アレントは、「複数性」を「全政治生活の条件であり、その必要条件であるばかりか、最大の条件」と位置づけていたが［HC: 7=20］、「行為」における「非主権性」はアレントの論じるすべての「政治」生活にとって不可欠なものであると理解できる。「複数の人間」が行う「行為」は、非主権的であるがゆえに、統制も予見もできない。ここに、「自由（freedom）」が生起するのであり、人間はそれに基づいて起こす「行為」を通じてこれまでに存在したことのない新しい「始まり」をもたらすのである。したがって、「自由（freedom）」という状況において対等な「複数の人間」が「行為」するという第三章の議論は、この「非主権性」の観点から理解することが求められる。では、いかにして人間は新しい「始まり」をもたらすことができるのだろうか。この問いへの応答は、「行為」の能力の「存在論的」な基盤となっている人間の「出生性」や「誕生」に関する議論の構造的な検討が不可欠となる。次節ではこの検討を行いたい。

第四節　「行為」における「非主権性」の礎
──人間が生まれることに着目して

アレントにとっての子どもが生まれること

『人間の条件』の中でアレントは、人間が生きる、すなわち、「人間に関する事柄の領域である世界」とそこにもたらされる新しい「始まり」の関係性について、「新しい複数の人間」の「出生性」や「誕生」という出来事を介して次のように理解する。

人間に関する事柄の領域である世界は、そのまま放置すれば「自然に」破滅する。それを救う奇跡というのは、究極的には、人間の出生性という事実である。行為の能力も存在論的にはこの出生性に基づいている。言い換えれば、それは、新しい複数の人間の誕生であり、新しい始まりであり、彼らが生まれることによってなすことのできる行為である。［HC: 247=385f.］

アレントは、人間の「出生性」という事実が「行為」の能力を「存在論的」に根拠づけていると論じる。また、『人間の条件』や『全体主義の起原』をはじめ、アレントは著作のあらゆる所でアウグスティヌスの『神の国』の一節──「始まりが存在するためにある人間が創られた」［アウグスティヌス 1983: 160］──を好んで引用し、人間の「出生性」や「誕生」に関する議論と「始まり」の間の結びつきを強調している(8)［OT2: 478f.; HC:

177=288]。では、新しい人間の「出生性」や「誕生」に関する議論と「始まり」をもたらす「行為」はいかにしてつながるのか。

アレントは、人間自らの「誕生」を通じて「始まり（*initium*）」になると主張するが［HC：177=288］、この両者がつながる原理についての考察を十分に展開しているとは言い難い。そこで本節では、アレントと大学以来の終生の友人であり、彼女の「出生性」や「誕生」に関する議論を「自らの著作の重要な局面で援用」しているハンス・ヨナスの議論を手がかりとしたい［戸谷 2018：206］。

ヨナスは一九七九年に発表する主著『責任という原理』の中で親子の関係性を論じるが、この内容についてアレントから助言をえていると自らの『回想記』の中で述べている［ヨナス 2010：288］。ヨナスは、アレントからの助言をえて、親子の関係性を論じる中で新しい人間が「誕生」するという出来事に対する原理的な考察を展開するのである。そこで以下では、このヨナスの議論を補助線としつつ、前節の議論に基づいてアレントが論じる人間の「出生性」や「誕生」に関する議論と「始まり」をもたらす「行為」の間のつながりを詳らかにする。そして、なぜ人間は新しい「始まり」をもたらすことができるのか――「始める人」となるのか――という問いへの応答を目指したい――ただし、第一章でも検討したように、アレントとヨナスでは、子どもが生まれることの「良さ」をめぐって態度が異なることを忘れてはならない。

ヨナスの親子論

親は、ある子どもを産むことができる。しかし、子どもを産む親は、その子どもが「ほかでもないこの子」である、というその子どもが有する「個別性」に対して何ら影響力を行使することができない、とヨナスは述べる

［Jonas 2003: S. 241=2000: 229f. 強調原文イタリック］。子どもを産む親は、子どもが生まれるまではその子が「ほかでもないこの子」であるかどうかは分からない。その親のもとに生まれた子どもは、偶然「ほかでもないこの子」であったのである。このことから『責任という原理』の中でヨナスは、「一人」の子どもを産むことと「ほかでもないこの子」を産むことの間に明確な差異をみてとる［Jonas 2003: S. 241=2000: 229f. 強調原文イタリック］。したがって、ヨナスは、親は子どもが生まれるまでその子どもが有する「この」という「個別性」を「予想できない（unvorsehbar）」状況にあると述べる［Jonas 2003: S. 378=2000: 230 強調原文イタリック］。親のもとに生まれる「この」子どもは、親が「予想できない」これまでに存在したことのない新しい固有な人間としてこの世界に誕生するのである。

親のもとに「この」子どもが生まれるという出来事は、前節で確認した「行為」における「行うことと受難すること」という硬貨の表裏の関係性と重なってみえてくるように思われる。ただし、ここにおける「受難すること」は、子どもを産むことが苦難や災難であるということを指摘したい訳ではないことは明記しておく——むしろ、子どもが生まれることは誰にとっても言祝がれることであり、アレントもアウグスティヌスの『神の国』を用いてそのようにしていた。

ここにおいて重要なのは、「この」子どもが生まれるという出来事が、親は子どもを産むという「行うこと」の側面と、その生まれてくる子どもがどの子であるのかということに関して親はコントロールすることも、予見することもできないという「受難すること」の二つの側面を兼ね備えているということである。たしかに、親は子どもを産むことはできるが、その生まれてくる子どもの「個別性」には関与することができない。ここに、「この」子どもが生まれるという出来事が親にとって非主権的な性格を有していることが顕わになる。このように非主権的な性格を有するがゆえに生まれてくる「この」子どもは、これまでに存在したことのない固有な新しい存在としてこの世界に受け入れられるのである。

ヨナスからアレントへ

未完の『カール・マルクスと西欧政治思想の伝統』と題した（第二）草稿の中でアレントは、アウグスティヌスが著した『神の国』の件の一節を引用した後に「これは始める能力である行為を、どの人間もその本性からしてすでに、いまだかつて以前には出現したこともないし、この世界でみられたこともない新たな始まりであるという事実と結び付けるものであろう」と論じるが［KMT: 348=186］、「いまだかつて以前には存在したことのない」全く「予想もできない」新しい人間として生まれる「この」子どもは、いまだ出現したことも、世界でみられたこともない新たな「始まり」として捉えられる。親にとって、ある子どもが生まれることは予想できるが、「この」子どもが生まれることは「予想もできない」奇跡として位置づけられる。「この」子どもが世界に生を受けるとき、それはほとんどありそうにない奇跡的なことなのである。

> 新しいことは、つねに統計学的な法則やその蓋然性の圧倒的な見込みに反して起こる。このような見込みは、すべての日々の実践的な目的からすれば、確実性と等しいことになる。それゆえ、この新しいことはつねに奇跡を装って現れる。一人の人間が行為することを可能にするという事実は、期待できないことを人間に期待することができるということを意味する。つまり、人間は、ほとんどありそうにないことを起こすことができる。［HC: 178=289f.］

ここに、新しい人間の「出生性」や「誕生」に関する議論と「始まり」をもたらす「行為」の間のつながりをみてとることができ、アレントが新しい人間の「出生性」を「行為」の能力の「存在論的」基盤に据える理由を理解することが可能となるのである。(9)

では、人間はいかにして「行為」をする中で「始まり」をもたらすのか。言い換えれば、「始まり」としての人間は、いかにして「始める」のか。この問いへの応答の手がかりは、新たな人間自らが「世界」に生まれるときに持ち込んだ「始まり」に対して、新たな人間「自身のイニシアティブに基づいて何か新しいことを始めることによって応える」というアレントの見解の中にみることができる［HC: 177=288］。アレントによれば、新たな人間の「誕生」は、「世界」に何か新しいものをもたらす［WF: 166=227］。つまり、新たに生まれる人間は、自らの「誕生」を通じてこの「世界」に新しい「始まり」をもたらす（＝「始める」）存在として捉えることができる。これらのことからアレントは、「人間は始まりであるがゆえに、始めることができる」と考える［WF: 166=277］。アレントは、「人間は自らの誕生を通じて、始まり（*initium*）、新参者、始める人（beginners）になる」と主張するが［HC: 177=288］、人間が世界に生まれるときに持ち込んだ「始まり」は、「新参者」である人間が新しいことを「始める」という「行為」の源泉として理解することができる。

前節で確認したように、人間がもたらすさまざまな「始まり」は、新たな「始まり」の原因となる［HC: 190=307］。しかし、アレントが、「行為は人々に向けられるものであり、それらの人々も行為を行う能力を持っているから、そこで起きる反作用（reaction）は、一つの応答である以上に、それ自体がつねに新しい行為であって、この新しい行為は自分にも跳ね返り、他人にも影響を与える」と述べるように［HC: 190=308］、ある「始まり」をもたらした「行為」は、非主権的な性格を有するがゆえにその後に生じる新たな「始まり」の内実を規定せずにそれをもたらす「行為」を生起させる。「一つの行い」や「一つの言葉」は、あらゆる出来事に影響を与え、それを新しいものに変化させる力を持っているため［HC: 190=308］、「複数性」の条件のもとで生きる人間はこうした「行為」が生起する状況で「反作用」としての「行為」をする。こうした状況にあるからこそ、誰もが予見不可能な新しい「始まり」はもたらされる。それゆえ、人々は、狭義の政治活動に留まることなく、さまざまな面でつねに新しい「始まり」をもたらし続けるのである［HC: 190=308］。このように、人々は「行為」を通じてもたらされる「始まり」に対する「反作用」として次の新たな「始まり」をもたらす（＝「始める」）。非主権的な性格を有する「行為」において、「始まり」と「始める」ことは明確な区切りなく重なりながら繰り返される。ここに「始まり」としての人間は、「始める人」として理解されるのである。(10)

以上の議論を踏まえたとき、子どもと政治の関係性はいかなるものとして理解することができるのだろうか。次節では、これまで確認してきた「行為」における「非主権性」に基づく子どもと政治の関係性――〈子どもの政治〉――を考えていきたい。

第五節　「行為」における「非主権性」に基づく子どもと政治の関係性
――〈子どもの政治〉の方へ

アレントの論じる「行為」における「非主権性」に基づく子どもと政治の関係性としての〈子どもの政治〉を考える前に、彼女の議論に依拠して子どもと政治の関係性について論じるジェーン・エルシュテインの「政治的子ども」論を参照したい。というのも、〈子どもの政治〉は、「政治的子ども」論における子どもと政治の関係性に修正を施すことで導出されるからである。

「政治的子ども」論

エルシュテインは、論文「政治的子ども」において、これまで初等・中等教育段階の子どもが、政治に巻き込まれてきた歴史的事実を指摘する。たとえば、文化大革命やクメール・ルージュ、ヒトラー・ユーゲントなど、子どもを戦争の道具として動員していったこれらの歴史的事実が挙げられる［Elshtain 1995: 271f.］。加えて、エルシュテインは、こうした戦争の道具として利用されてきた子どもとは異なる、「政治的子ども」についても論じている。それは、マザー・ジョーンズに率いられた賃金労働の被害者としての子ども達の抵抗運動「子どもの十字軍」や、ロバート・コールズの『危機の子ども』で描かれる第二次大戦期のナチス占領下にあったヨーロッパにおける子ども達による地下運動、一九六三年のバーミンガムでの公民権運動に参加した子ども達である［Elshtain 1995: 273ff.］。

ここでエルシュテインは、「政治的子ども」を戦争へ動員される存在と市民的権利のために闘う存在の二つに分類する。その上でエルシュテインは、前者の「政治的子ども」に関しては否定するが、後者の市民的権利のために闘う「政治的子ども」を肯定的に評価する［Elshtain 1995: 280］。エルシュテインはこの二種類の「政治的子ども」の存在を指摘した上で、アレントの具体的な政治闘争から子どもを保護するべきであるという主張は、現実的に困難であると論じる［Elshtain 1995: 281］。このことを踏まえて、エルシュテインは、大人は「子どもを政治から保護するのではなく、子どもに政治への準備をさせる」ことを要求する［Elshtain 1995: 281 強調原文イタリック」。そのために、エルシュテインは、子ども時代を「無垢な時代としてではなく、公私の領域の間を占める徒弟制の時代」として捉え、これにともなって大人には子どもを「保護し、養うという重要な責任」が生じると論じる［Elshtain 1995: 281 強調原文イタリック］。この子どもが「政治に加わるための準備」という意味においてエルシュテインは、自らとアレントの主張が重なると考えるのである［Elshtain 1995: 282］。

このエルシュテインの議論を「補強」するために、木村浩則はアレントの近代批判に着目する［木村 2001］。アレントは『人間の条件』で、近代社会の勃興にともなって生じた「社会的なるもの」に対する批判を展開する。「社会的なるもの」においては、「私的領域」に存在していた経済的な問題は公的な関心事へと拡大する。そして、人間存在の「ユニーク」さが失われ、「世界」は画一化の方向へと進む［HC: §6］［cf. 木村 2001］。木村は、アレントが「「社会的なるもの」の浸透を近代教育理論の進展とその現代版である進歩主義教育論の流行という事態の中に見る」と述べ、彼女が「近代教育理論の浸透と同時にその反動としての復古主義の中に教育の危機を見出す」と論じる［木村 2001: 258］。このアレント解釈に基づいて木村は、「社会的領域の支配に抗し、公的領域の喪失を再生するために、子どもを政治化していくこと、すなわち公的世界へと開いていく」必要があると主張する［木村 2001: 258］。したがって、木村にとってエルシュテインの議論は、「子どもを世界の画一化と全体化の手段とするものではなく、子どもと世界をそのような企てから保護し、共に有力化することをめざすものである限り、アレント思想と決して矛盾するものではない」のである［木村 2001: 258］。

「政治的子ども」論の陥穽

しかし、アレントは、「政治的子ども」論において肯定的に評価されていた公民権運動の一環として位置づけられる統合教育問題に対して鋭い批判を展開していた。すでに本書全体を通じて度々確認してきたように統合教育問題に対するアレントの批判の要諦は、大人が思い描く通りの黒人と白人の統合問題が解決した「新しい世界」のために子どもを政治的に利用する点にみられた〔RL: 204=375〕。石田雅樹が指摘するようにアレントは、学校に「政治的対立を持ち込み子供を巻き込むことは避けるべき」という立場を採るのである〔石田 2012: 30〕。

このことは、本書を通じて度々参照してきた「教育の危機」における記述からも確認することができる。「教育の危機」においてアレントは、「旧いものである〔大人の〕私たちが、そのあり様を規定するように新しい人々〔としての子ども〕を意のままにしようとすれば、私たちはすべてを破壊する」と述べていたが〔CE: 189=259〕、大人が思い描く通りにコントロールでき、予想通りに物事が進むのであれば、そこに新しさが生じることはない。したがって、アレント教育論の観点から子どもと政治の関係性を考えるのであれば、市民的権利のために闘う「政治的子ども」を評価するエルシュテインの議論には一定の修正が必要となる。それは、いかなる理由——戦争や市民的権利のための戦い——のためであろうと、大人が具体的な政治的対立に子どもを巻き込むことを避けるというものである。では、このことを踏まえた子どもと政治の関係性をアレント教育論の観点からいかにして考えることができるのだろうか。

ここで、これまで本章で検討してきた「行為」における「非主権性」に再度注目したい。というのも、大人による子どもの政治利用を避けるということは、「主権」ではなく「非主権性」に基づくことによって逆説的に可能となるからである。このことは一見、過度な「主権」の要求にみえるかもしれない。しかし、それは決して過度な「主権」の要求ではなく、むしろその逆の「主権」を手放すということを意味する。というのも、本章のこれまでの検討からも明らかなように、新たな「始まり」をもたらす「行為」は、「複数の人間」による非主権的な出来事であるため、誰もそれをコントロールすることも、予想することもできないからである。では、このアレントの論じる「政治」における「行為」が有する「非主権性」という観点は、「政治的子ども」論における子どもと政治の関係性に対していかなる修正を迫るのだろうか。

大人による子どもの政治利用は、「主権」を暗黙の前提とすることによって可能となる。しかし、「行為」における「非主権性」を前提とした「政治」において、大人が子どもを意のままに利用することはできない。「行為」における「非主権性」に基づくとき、「政治」において過度な「主権」の要求は拒絶され、大人による子どもの政治利用は不可能となる。「政治的子ども」論における大人が「子どもを政治化していく」［木村 2001：258］という主張は、右記のような「行為」における「非主権性」に基づくという修正が求められるのである。では、この修正を加えた子どもと政治の関係性としての〈子どもの政治〉はいかなるものとして理解できるのだろうか。

「非主権性」を前提とする〈子どもの政治〉

「行為」は、新たな「始まり」をもたらし、それは次の「始まり」をもたらす「行為」へと伝播する。この一連の営みに関わる人々は、つねに「行う者」であると同時に「受難者」でもある。人々がなす「行為」は、「非主権性」という性格を有するがゆえに、その人々の統制下には置かれず誰もが予想できない方向へと進み、新たな「行為」の契機となる。先に確認してきたようにこの「非主権性」は、人々の「政治」生活にとって不可欠なものとして捉えられる。「政治」において、人々の「行為」は、誰もコントロールすることや予想することができない。結果をコントロールしたり予想した通りにすることができるのは、過去から未来に起こるあらゆる事柄が計算通りに進む、というアレントが批判し続けた「全体主義」においてのみである［cf. OT2: 456ff.］。「全体主義」と「主権」は、こうしたロジックのもとで繋がることになる。

「行為」における「非主権性」に基づくとき、それは子どもによる「行為」の可能性を拓くことを意味する。というのも、「行為」は、それを誰もコントロールすることも、予想することもできないため、大人に限らず子どもが起こしうることも十分に想定できるからである。子どもが起こしうる「政治」的な「行為」は、大人が操ることも止めることもできず、大人を「行う者」であると同時に「受難者」にするかもしれない――もちろん、子ども自身も「行う者」であると同時に「受難者」となる。このようにして子どもが起こしうる「行為」は、誰の予想もできない帰結をもたらし、新たな「行為」へと伝播する。

ただし、繰り返すことになるが、アレントが「リトルロックの省察」で「今や私たち〔大人〕は、子ども達に世界を変革し、改善することを要求する時代となったのか？」と統合教育問題を批判的に論じていたように[RL：204=375]、子どもが――子どもに限らず大人も――起こしうる「行為」は、大人に限らず誰も望むことができない――そもそも、「行為」は非主権的な性格を有するがゆえに誰かが望んだ通りには起こらないのである。子どもが「行為」を起こすことがあれば、それは彼らの「自発性」に委ねられなければならない。したがって、子どもが起こしうる「行為」は、彼らの「自発性」の保持につとめることを課す、アレントが論じる「保守的」な教育においてのみ可能となる。このようにして子どもの「自発性」の保持につとめた先には、彼らが「行為」起こしうるということを十分に想定しなければならないのである。ここに、「自発性」の保持につとめるアレントの「保守的」な教育論と「政治」における「行為」が有する「非主権性」の間のつながりをみてとることができる。

「教育の危機」においてアレントは、「子どもに共通世界を刷新する使命への準備を前もってさせる」役割を教育に課すが［CE: 193=264］、子どもが起こしうる「行為」は、これまでの章で確認してきたように彼女が「保守的」な教育論の中で求めていたさまざまな「準備」をつねに求める。この「準備」の先に、非主権的な「行為」がもたらす新たな「始まり」はもたらされるかもしれないのである。アレントの論じる「保守的」な教育では、子どもが「行為」を起こす手前の所までの「準備」の役割が課される。この「準備」から先の話、つまり、子どもが「行為」を起こすかどうかは、彼らの「自発性」に委ねられることになる。「行為」が有する「非主権性」に着目するとき、「準備」から先の話は、大人がコントロールすることも、予想することもできない。子どもが起こしうる「行為」は彼らの「自発性」に委ねられ、大人は期待せずにそれを待つことが求められる。

以上の議論より、大人による子どもの政治利用を避けた子どもと政治の新たな関係性としての〈子どもの政治〉は、アレントの論じる「行為」における「非主権性」に基づくことが明らかとなるのである。

第六節　「非主権性」に基づく「政治」教育の構想に向けて

本章は、アレントの「行為」における「非主権性」の観点から彼女の「保守的」な教育論を読み解くこと目指してきた。そして、この成果を踏まえた子どもと政治の新たな関係性としての〈子どもの政治〉の提起を試みてきた。ここで今一度議論を振り返る。

まず、アレントの「非主権性」を確認するための準備作業として、シュミットの「主権」論を確認した。そこで示されたのは、アレントの議論と「主権」論の相性の悪さである。このことを踏まえつつ、第三節以降ではアレントの「非主権性」に関わる議論の検討に取り組んだ。

最初に、『人間の条件』を中心にして「行為」における二つの側面——*archein*, *agere* と *prattein*, *gerere*——が「非主権性」を介してつながることを明らかにした。「行為する者」は、「行う者」であると同時に「受難者」でもある。ここに、人間の「自由（freedom）」が見い出だされ、それは西洋思想の伝統における「主権」とは相容れないものであることが確認された。人々は「複数性」の条件のもとでなされる非主権的な「行為」を通じて新たな「始まり」をもたらすのである。

次に、この「行為」の能力の「存在論的」基盤として位置づけられる人間の「出生性」や「誕生」に関する議論の観点から新たな「始まり」としての人間が「始める」、という「行為」の構造原理を明らかにした。そして、このことを通じて「始まり」としての人々が新たな「始まり」をもたらす構造をアレントに則して確認した。

最後に、以上の議論を土台に据えた上で、アレントの議論に依拠して子どもと政治の関係性について論じた「政治的子ども」論に修正を加える形で、大人による子どもの政治利用を避けた子どもと政治の関係性について考えてきた。「行為」における「非主権性」に基づくとき、大人が子どもを「政治」的に利用することは不可能となる。それと同時に、子どもが起こしうる「政治」的な「行為」は、大人が操ることも止めることもできず、予想もできない帰結をもたらす。そして、それは新たな「行為」へと伝播する。こうした子どもが起こしうる「行為」は、非主権的な性格を有するがゆえに望むことはできず、彼らの「自発性」の保持につとめることを課すアレントの「保守的」な教育論におけるさまざまな事柄としての「準備」をつねに行った先に期待できるのである。この「準備」の先に新たな「始まり」は生起する。大人による子どもの政治利用を避けた子どもと政治の新たな関係性としての〈子どもの政治〉は、こうしたアレントの論じる「行為」における「非主権性」を前提とすることではじめて可能となるのである。

アレントの論じる非主権的な性格を有する「行為」に着目するとき、それは「単数の人間」を想起させる「主権」論に依拠しない、「複数性」という条件のもとでなされる「政治」教育の可能性を拓く。アレントは、「主権論はいまなお最も首尾一貫した代表者であるジャン＝ジャック・ルソーの政治哲学を反映している」と述べ、「ルソーは、主権を意志から直接引き出し、その結果、政治権力を個人のもつ力としての意志のイメージのままに構想できた」と論じている［WF: 162=221］。第三章で確認したようにアレントによれば、ルソーは「複数性」の条件下で生きる人々を一つの意志――「一般意志」――に基づいてフランス「人民（le peuple）」という「一つの塊」に統合する［OR: 54=90, 71=115］。しかし、「複数性」のもとで生きる人々がこのような「主権」論のもとで統合されるとき、そこから零れ落ちる存在がいることをアレントは見逃さない。たとえば、アレントは『全体主義の起原』の第九章「国民国家の没落と人間の権利の終焉」では、主権国家システムがあらゆる権利を喪失した人間――難民――を創出してきたと指摘している［OT: §9］。本章で確認してきたようにアレントにおいて、こうした「主権」論は、「複数性」という「人間の条件」と相容れないものとして斥けられるのである。

では、「主権」論を斥けた先に、それとは対置される「行為」における「非主権性」に基づく「政治」教育はいかにして考えられるのか。アレントは、ボダン以来の「主権」理論から零れ落ちる存在も含めた、「複数性」のもとで生きる「複数の人間」による「行為」に基づく「政治」を重視する。アレントの「保守的」な教育論を土台に据えつつ、彼女の論じる「政治」における「行為」に基づくとき、「主権」を前提とする主権者教育は問い直しの対象となり、それとは異なる「非主権性」に基づく教育の可能性が拓かれるのである。この「政治」教育では、第五節で確認したようにアレントが「保守的」な教育論の中で示す、子どもが「行為」を起こす手前の所までの「準備」の役割が課される。これまで本書が明らかにしてきた「準備」から先の話は、子どもが有する

「自発性」に委ねられ、大人は期待せずに待つことが求められる。アレント教育論は、こうした徹底的な「保守主義」を要求するのである。[11] ここに、このアレントの「保守的」な教育論から導かれる「政治」教育の構想を確認することができる。

しかし、「政治」において「自発性」に委ねられる「行為」は、大人や子どもといった区分によらない人々が起こしていしまうものとして考えられる。先に確認したように、「行為」は「非主権的」な性格を有するがゆえに、他者によって推奨あるいは禁止されようともそのことによる統制は受けないのである。したがって、アレントの「保守的」な教育論から導かれる「政治」教育では、子どもが「行為」を起こしてしまうことを十分に想定しなければならない。そこで次の第五章では、この「政治」教育の担い手という視点から「政治」教育において想定される子どもが起こしてしまう「行為」について考えていくことにしたい。

註

(1) 主権者教育の推進に関する検討チーム「「主権者教育の推進に関する検討チーム」中間まとめ～主権者として求められる力を育むために～」二〇一六年（https://www.mext.go.jp/a_menu/sports/ikusei/1369157.htm 二〇二四年八月三〇日最終閲覧）。

(2) 主権者教育における「主権」概念、および、「主権者」概念を批判的に検討することが重要な課題になることは疑いようがない。しかし、本書の主眼が、アレント独自の教育論の内実の解明とそれから導かれる「政治」教育の構想であることを想い起すと、本章の課題は主権者教育における「主権」概念、および、「主権者」概念の総論的な検討ではなく、アレントの「非主権性」に関わる議論の検討が主題になる。次節では、アレントとは異なる論者における「主権」概念、および、「主権者」概念に関わる議論を取り上げる。というのも、それはアレントの議論を理解する上での補助線としての役割を担うことが見込まれるからである。こうしたアレントとは異なる論者における「主権」概念、および、「主権者」概念を主権者教育という視点から検討することは、別に機会を設けることとする。

（3）本節で着目するボダン『国家論』の邦訳については、『フランス・ルネサンス文学集　1――学問と信仰』に掲載されている平野隆文のものを参照する。平野は、膨大な『国家論』の中から第一巻第一章、第八章、第一〇章の一部を選んで訳出している［cf. ボダン 2015］。

（4）アレントの論じる「非主権性」とアガンベンがフーコーの「生権力」論を介して示した「主権」論の問題性との関係については、本書での議論を踏まえた上で、別途検討の機会を持ちたい。

（5）もちろん、シュミットの「主権」論の（批判的）検討自体は欠かすことのできない重要な――それ自体多くの列挙することのできない数の論者によって取り組まれてきた――課題であることは指摘しておかなければならない。本節がシュミットを取り上げた理由は、次節以降で確認するアレントの「非主権性」に関わる議論を対照的に描き出すためであり、シュミットの「主権」論の（批判的）検討が主眼でないということは念のため付記しておく。

（6）マリーケ・ボーレンはアレントの「行為」における「非主権性」を政治的なエージェンシーとの関わりで論じているが、「非主権性」がいかにして生じるのかについては検討を行っていない［Borren 2021］。

（7）アレントによれば、「行為」がもたらす新しい「始まり」は、「複数の人間が共生しているところではどこでも存在している人間関係の網の目」で起こる［HC: 183f.=298］。森川は、この点に着目して人々の「行為」の経験が、狭義の政治的領域に留まらないものであると述べている［森川 2011: 32］。

（8）森川は、アレントの思索記録などを手がかりとしつつ、彼女が新たな人間の「出生性」や「誕生」に関する議論と「始まり」を結び付けて論じている過程を時間軸に則して詳らかにしている［森川 2010］。また、小玉重夫［2001］と田中智輝［2019］は、「出生性」に関わる議論の観点からアレントの「保守的」な教育論における子どもと「世界」の刷新に関する議論の間のつながりについて検討を試みている。しかし、これらの先行研究は、「出生性」や「誕生」に関する議論と「始まり」をもたらす「行為」がいかにしてつながるのかという課題について未着手の状態である。

(9) ヨナスは、アレントの論じる人間の「行為」の根拠に「世界の中に何か新しいことを始める個人が絶えず新たに加わるという事実」としての「誕生性（Gebürtigkeit）」をみてとろうとする［Jonas 2003: S. 378=2000: 371 強調原文イタリック］。

(10) 村松灯は、アレントの遺作となった『精神の生活』における「意志」に関する議論に着目し、新しい「始まり」である人間が「始める」には〈他者とともにある〉という契機が必要であるとし、人間が「始める」ということは偶然性や根源的受動性に基づくものであると述べる［村松 2017］。本章の議論は、村松の研究と先の見解を共有するが、人間の「出生性」や「誕生」に関する議論の観点から「始まり」である人間が「始める」という構造の原理を明らかにした点に独自性を見出すことができる。

(11) アレントは、法律の制定は「行為」と異なる営みとして捉えていたが［cf. HC: 194=314］、「主権」を有する存在によるルールの制定は彼女の言うところの「政治」的な営み——「行為」——とは区別されなくてはならないだろう。近年、主権者教育の一環として、学校における校則の見直しに関わる議論が様々なところで盛り上がりをみせている。また、こうした動きを学術的な観点から考察しようとする研究も確認することができる［cf. 内田・山本 2022］。校則の見直しやそれをめぐる様々な取り組みが極めて重要な意義を持つことは疑いの余地がない。しかし、本章の取り組みを踏まえるのであれば、これらの取り組みを主権者教育として把捉していくことは、一度立ち止まって考えてみても良いのかもしれない。本書が着目してきたアレントの議論は、子どもが校則を決める、あるいは、変えるという結果の重要性はもちろんであるが、子どもたちがそれについて話し合うという過程の意義を明るみにしてくれるように思われる。

第五章　アレント教育論から考える教師
――「政治」教育の担い手として

第一節　アレントが見据える「教師の資格」と「教師の権威」

本章の目的は、これまでの本書の取り組みから明らかになったアレントの「保守的」な教育論から導かれる「政治」教育を担う教師の姿を描き出すことにある。

第四章の末尾では、「政治」教育の担い手について考えることが本章で取り組む課題として示された。そこでは「政治」教育の担い手が、必ずしも教師に限定されてはいなかった。しかし、本章では、「政治」教育の担い手を大人一般ではなく、教師として捉え、その姿の描出を目指す。というのも、このような形で「政治」教育の担い手の対象を限定する理由は、「教育の危機」においてアレントが教師についての次のような興味深い考察を展開するからである。

教師の資格は、世界を知り（knowing）、それを他者に伝えることができる（being able to instruct）ことから成り立つのに対して、教師の権威は彼が世界への責任（responsibility）を引き受けることに基づく。子どもと相対する場合、教師は世界に住むすべての大人代表であるかのごとく、子どもに事細かく指示し、語るのである。これが私たちの世界である、と。［CE: 186=255］

「教育の危機」の中でアレントは、このように「教師の資格」と「教師の権威」について論じ、それを自らの「保守的」な教育論との関わりの中で考える。そして、教師についての自らの考えを醸成していく。先行研究では、アレントのこうした教師への着目に焦点を当てて、彼女の議論から導くことのできる教師の姿に迫ってきた。

たとえば、教育学におけるアレント研究で参照されることの多いナターシャ・レヴィンソンは、アレントの「出生性」に関わる議論の検討を通じて、「過去と未来の裂け目で教える」教師についての考察を展開する［Levinson 2001］。レヴィンソンが言うところの「過去と未来の裂け目で教える」ということには、二つの側面を確認することができる。一つ目は、「過去について教えるということに関わる」という側面である［Levinson 2001: 31］。この側面の具体的な内実は、「過去についての理解や指導」と「そうしたことの基礎となる記憶の保全」につとめることが想定される［Levinson 2001: 31］。二つ目は、子どもが「世界」を「正すことを企てるように（to try to set things right）動機づける」という側面である［Levinson 2001: 31］。この側面は、アレントがハムレットの有名な言葉――「いまの世の中は関節がはずれている、うかぬ話だ、それを正すべくおれはこの世に生を享けたのだ！」［シェイクスピア 1983a: 64］――を引用し、「世界」に対して「人間が介入し、変革し、新しいものを創造しようと決意する」ことの重要性を説く議論が拠り所となっている［CE: 189=259］［cf. Levinson 2001:

30］。ただし、このようにして「過去と未来の裂け目で教える」教師は、子どもの未来を「決定し、統御しようとする誘惑に抵抗し続けなければならない」、とレヴィンソンは警鐘を鳴らす(1)［Levinson 2001: 31］。ここに、アレントの議論から見出すことのできる教師の姿の一つが示されるのである(2)。

しかし、本書を通じて明らかにしてきたアレントの「保守的」な教育論にしたがうのであれば、教師の役割として子どもが「世界」を「正すことを企てるように動機づける」ことができるのかということについて疑問が生じる。というのも、これまでの本書の議論にしたがうのであれば、「世界」を「正すこと」は子どもの「自発性」に委ねられなければならないからである。このときの教師の役割は、「世界」を「正すことを企てるように動機づける」のではなく、子どもの「自発性」の保持につとめることに留まらなければならない。では、子どもの「自発性」の保持につとめる教師の姿は、アレント教育論の観点からいかなるものとして描き出すことができるのだろうか。

この問いへの応答の手がかりは、次節で検討する教師アレントが実際に行ってきた教育の中に見出すことができるだろう。というのも、かつての教え子からみた教師アレントは、「自発性」を極めて重要なものとして扱っていたからである［Young-Bruehl and Kohn 2001: 229ff.］。このことを踏まえたとき、「教育の危機」における教師をめぐる議論を「自発性」の観点から検討することは、レヴィンソンが示したものとは異なる、子どもの「自発性」の保持につとめる教師の姿を描き出すことを可能にするように思われる。ここに、「政治」教育を担う教師の姿を確認することができるようになるのである。

以上を踏まえて本章では、これまで本書で検討してきた「自発性」の観点から、教師アレントの取り組みと「教育の危機」における教師をめぐる議論の検討を通じて、「政治」教育を担う教師の姿を描き出すことを目指す。

そこで以下では二つの課題に取り組む。第一に、かつての弟子からみた教師アレントが自ら行った教育の中で「自発性」をどのように扱っていたのかについて確認する（第二節）。第二に、「教育の危機」の中でアレントが論じる「教師の資格」と「教師の権威」に関する議論を、「自発性」に関わる議論の観点から理解することを通じて、「政治」教育を担う教師の姿を明らかにする（第三節、第四節）。

第二節　教え子からみた教師アレント
――二人の弟子の間の往復書簡に着目して

モルデハイ・ゴードンが編者を務めた『ハンナ・アレントと教育――私たちの共通世界を刷新する』は、ニュースクール・フォー・ソーシャル・リサーチでアレントから直接学んだ二人の弟子――ジェローム・コーンとエリザベス・ヤング＝ブルーエル――の往復書簡で結ばれている。この二人の往復書簡には、『ハンナ・アレントと教育――私たちの共通世界を刷新する』に所収されている他の論稿にはみることのできない、教師としてのアレントを発見することができる。というのも、コーンがヤング＝ブルーエルに宛てた手紙の中で明かしているように、『ハンナ・アレントと教育――私たちの共通世界を刷新する』に論稿を寄せた者たちの中で、実際にアレントから学んだのは彼ら二人のみだからである［Young-Bruehl and Kohn 2001: 228］。では、この二人の弟子にとっての教師アレントとはいかなる存在なのだろうか。まずは、このことを確認する前の段階として、「理論」に関する弟子二人のアレントをめぐるやり取りに注目したい。

「理論」をめぐる弟子たちのやりとり

コーンは、「アレントが教育についての理論を持っていた」かどうか、あるいは、「全体主義や政治について、行為や革命について、社会や文化や教育について、権威や宗教や歴史について、人間の自由（freedom）について、人間の精神活動の時間的次元の区分について――何かについての理論を持っていたか」どうかについてヤング＝ブルーエルに対して問いかける［Young-Bruehl and Kohn 2001: 229］。これに対してヤング＝ブルーエルは、「アレントは教育についての理論のようなものを持っていなかったし、真に何かについての理論を作らなかった、ということに完全に同意する」と応答する［Young-Bruehl and Kohn 2001: 234］。このように、二人は、アレントが「何かについての理論」を作ること、あるいは、それを持つことはしてこなかった、という点において考えを共有する。

しかし、コーンは先のヤング＝ブルーエルに対する問いかけのすぐ後、つまり、同じ手紙の中でアレントが「全体主義や政治について、行為や革命について、社会や文化や教育について、権威や宗教や歴史について、人間の自由（freedom）について、人間の精神活動の時間的次元の区分について」、「それらを理論化したことは明らかである」とも述べている［Young-Bruehl and Kohn 2001: 229］。このコーンの記述は、先のヤング＝ブルーエルに対する問いかけのすぐ後になされていることを踏まえると、彼女からの応答は、この「理論化したことは明らかである」という彼の主張までをも含んだものとして理解することが求められるだろう。このとき、アレントが「何かについての理論」を作ること、あるいは、それを持つことに対してコーン（とヤング＝ブルーエル）は、何を主張しようとしているのだろうか。この問いへの応答の手がかりとなるのが、「理論」に対する次のようなコーンのアレント理解である。

コーンは同じ手紙の中で、「「思考」を理論化することとその〔「思考」〕の成果として述べられる理論の間の区別がアレントにとって決定的に重要であったように思われる」と述べる［Young-Bruehl and Kohn 2001: 229〔 〕内引用者］。ここで、この区別の重要性を理解するために、コーンのアレント理解における「理論」についてもう少し迫ることとする。

コーンは、アレントが取り組んだカール・マルクスに関する研究と彼女の「全体主義」批判の観点——手紙であることもあってか彼女の著作や論文の具体的な該当箇所を明示するわけではないが——から彼女が「理論」に対してどのような考えを持っていたのかについて考察を展開する。手紙の中でコーンは、「マルクスの理論が全体主義を引き起こした訳ではないが、そのイデオロギー的な利用は、人間の自発性——すなわち、人間の自由(freedom)——を破壊しようとするスターリンの決定の重要な要素であった」とアレントの仕事を彼の言葉で要約した上で、彼女が「スターリンの犯罪を理解し、それが何であったのかということを明らかにしようとする」ことに取り組んだと論じる［Young-Bruehl and Kohn 2001: 229f.］。こうしたアレントの仕事を念頭に置きつつコーンは、「どんなに優れたものであろうと、あるいは、どんなに崇高な意図があろうとも、その理論が有する最終性(finality)に内在する人間の自由(freedom)に対する潜在的な危険性こそ、彼女が鋭意避けたものであると私は信じている」と述べるのである(3)［Young-Bruehl and Kohn 2001: 230］。

弟子たちが教師アレントから学んだこと

ここで、コーンは、自分たちが受けてきたアレントからの教育を振り返りつつ、「正義」についての彼女の見解の観点から教師としての彼女に迫る。コーンは、プラトンからジョン・ロールズにいたるまでの取り組みを念頭に置き、「正義についての一貫した理論を定式化すること」の重要性を認めつつも、アレントはそれと「全く異なること」に取り組んだと述べる［Young-Bruehl and Kohn 2001: 230］。では、プラトンからロールズにいたるまでのものとは「全く異なる」アレントの取り組みとは何なのか。

　このアレントの取り組みを理解する上で重要になるのが、先にコーンが述べていた「「思考」を理論化することとその〔「思考」〕の成果として述べられる理論の間の区別」である。コーンは、「プラトンからジョン・ロールズにいたるまでの哲学者が私たちを思考させる限りにおいて」彼らの仕事の成果における良さを認める［Young-Bruehl and Kohn 2001: 230 強調原文ブロック体］[4]。しかし、コーンは、「そのような思考の成果が知識として取り入れられて制度化されるとすれば、全体主義ではなくアレントが言うところの「理性の専制」――自由（freedom）の否定でもある――が復活することになる」と述べる［Young-Bruehl and Kohn 2001: 230］。このことを踏まえてコーンは、「アレントは正義が何であるかを知ることではなく」、「正義について思考すること」の先に「正義が世界に現れるのだと確信している」と考える［Young-Bruehl and Kohn 2001: 230f.］。この、「「思考」を理論化することとその〔「思考」〕の成果として述べられる理論の間の区別」に関する議論を踏まえたとき、アレントが「何かについての理論」を作ること、あるいは、それを持つことに対するコーン（とヤング＝ブルーエル）の主張は次のようなものとして理解することができる。すなわち、それは、アレントは「思考」を通じて何らかの「理論」を作るかもしれないが、それに縛られることなく更なる「思考」を展開することで、「自発性」――「人間の自由（freedom）」――に対する潜在的な危険性を徹底的に回避するというものである。

　コーンは、アレントが「思考」することをソクラテスから学んだと指摘し、彼女を「ソクラテスの精神を体現した教師」であったと評する［Young-Bruehl and Kohn 2001: 231］。では、この「ソクラテスの精神を体現した教師」から弟子は何を学んだのだろうか。言うまでもなく、それは「思考する」ことである。コーンは、自らが「アレントから何を学んだのか」、そして、「どのようにして彼女が私たちに教えることを通して私たちを世界へと導いたのか」という問いを設定して次のような応答を試みる［Young-Bruehl and Kohn 2001: 251］。

そのポイントは、私が思うに、世界を共有する男女の深淵な複数性に先入観なく応答する私たちの能力を発展させ、それによって、全体主義が破壊しようとした共通世界を維持することを助ける点にある。そのような応答責任は、知識の問題ではないが、思考を要求する。アレントは、私たちの頭に知識を詰め込むのではなく、「思考する」ことを教えたのである。［Young-Bruehl and Kohn 2001: 251］

ここには、「〔「思考」〕の成果として述べられる理論」や「知識」を「詰め込む」のではなく、「思考」の理論化に取り組み、その理論化に取り組んだ「思考する」ことを教える教師アレントの姿を確認することができる。ここにおいて、「〔「思考」〕の成果として述べられる理論」や「知識」を「詰め込む」こと、と理論化された「思考」を教えることとは、コーンの言葉を借りるのであれば「自発性」――「人間の自由（freedom）」――の扱いをめぐって差異化される。コーンとヤング＝ブルーエルが教師アレントから受けた教育には、「自発性」を極めて重要なものとして扱う教師の姿を確認することができるのである。

これまでの本書の取り組み、とりわけ、第二章からは、子どもの「自発性」の保持につとめる「保守的」なものとしてアレントの論じる教育の内実が明らかにされた。このことを踏まえたとき、コーンとヤング＝ブルーエルにとっての「思考する」ことを教える教師アレントは、「自発性」の保持につとめる、彼女の論じる「保守的」な教育を担う存在の具体的な姿として捉えられるかもしれない。(5)ただし、この教師アレントが「自発性」を極めて重要なものとして扱っていたというのは、弟子からみた彼女であるということを忘れてはならない。そこで次の二つの節では、「教育の危機」における教師をめぐる議論をこれまで本書が確認してきた「自発性」に関わる議論の観点から検討する。この作業を通じて、アレントが論じる教師の姿に迫りたい。

第三節　「世界」を知ることとそれを他人に伝えること

――「教師の資格」について考える

アレントは教師についていかなる考えを持っていたのだろうか。この問いへの応答の手がかりとなるのが、第一節でも言及した「教育の危機」における「教師の資格」と「教師の権威」に関する議論である。アレントによると、「教師の資格は、世界を知り、それを他者に伝えることができることから成り立つのに対して、教師の権威は彼が世界への責任を引き受けることに基づく」ものであると述べ、両者を区別して論じていた［CE: 186=255］。

この「教師の資格」と「教師の権威」の関係性についてアレントは、「教師の資格」が「決して教師の権威を生み出すことはしない」が、それにとって「一定程度欠かすことができない」と述べ、両者が密接な関係性にあることを指摘する［CE: 186=255］。では、「教師の資格」と「教師の権威」はいかなるものとして理解することができるのだろうか。まずは、「教師の権威」にとって欠くことのできない「教師の資格」について確認することから始めたい。その前に、この二つに関わる「世界」について、第二章で明らかにした議論の観点から簡単に確認することとする。

「世界」と「自発性」の関係性

第二章では、「世界」が「行為」と「制作」という相互往還的で不可分な営みによって構成されるものであることが示された。「制作」に基づく事物的な空間としての「あいだ」をもたらす「「人工的な」世界」は、その空間で繰り広げられる人々の「あいだ」に成立する「人間的な紐帯の世界」を可能にし、そこにおいて人々は「行為」をする。アレントはこのような場のことを「世界」と呼んでいた。このことを踏まえると、アレントの論じる「教師の資格」は、「行為」と「制作」によって構成されてきた「世界」について教師が知ることであり、それを他者――この場合は子どもが想定される――に伝えることができる、ということから成り立つものとして捉えることができるのである(6)。

この教師が「世界を知り、それを他者に伝える」際には、注意しなければならないことがあることを忘れてはならない。それは、この「世界」を構成する「行為」と「制作」が「自発性」によって駆動させられるということである。ここで、再び第二章の議論に立ち返りたい。教師が知り、伝えることができる「世界」は、「行為」と「制作」を通じて構成される。この「行為」と「制作」を駆動する力として「自発性」は理解できるのであった。そして、「世界」の刷新は、この「自発性」を保持した先に「行為」と「制作」がなされる中で起こることが見込まれる。このことからアレントの「保守的」な教育では、この「自発性」の保持につとめることが求められるのであった。

このことを踏まえると、教師は、自らが子どもに伝える「世界」は、「自発性」が駆動する「行為」と「制作」を通じて構成されてきたものであるということを知り、そのことを子どもたちに伝えることになるのである。アレントは、このことについて次のように述べる。

子どもと相対する場合、教師は世界に住むすべての大人代表であるかのごとく、子どもに事細かに指示し、言うのである。これが私たちの世界である、と。［CE: 186=253］

ここにおいて注目すべきは、教師が子どもたちに伝えるものを「私たちの世界」とアレントが表現している点である。この「私たちの世界」は、第二章で述べたような大人たちが思い描く計画通りの黒人と白人の統合問題が解決した「新しい世界」とは明確に区別される(7)。教師が子どもたちにこの「新しい世界」を伝えて彼らをその実現のために利用するとき、彼らは「自発性」を喪失することになる。このとき、この「新しい世界」は、「自発性」に基づくものとは異なるものとして理解しなければならないのである。

それに対して、先に確認してきたように、アレントが論じた、教師が知り、子どもに伝える「世界」は、「自発性」が駆動する「行為」と「制作」によって構成される。この「世界」こそ、アレントが「私たちの世界」と表現するものになる。したがって、教師が子どもたちに伝える「世界」は、大人たちが思い描く計画通りの黒人と白人の統合問題が解決した「新しい世界」ではなく、「自発性」が駆動する「行為」と「制作」によって構成されてきたものとして理解することが求められるのである。

「自発性」の保持につとめる教師

この「世界」の構成原理を踏まえると、教師が子どもに対して「世界」を伝えるとき、教師は子どもの「自発性」の保持につとめることが同時に求められることになる。たとえば、この教師の具体的な姿は、第一節で取り上げたコーンとヤング＝ブルーエルにとっての、「〔「思考」〕の成果として述べられる理論」や「知識」を「詰め込む」のではなく、理論化された「思考」を教えることに取り組むことを通じて、「自発性」を重要なものとして扱う教師アレントに確認することができるかもしれない。「世界を知り、それを他者に伝えることができることから成り立つ」という「教師の資格」は、こうした子どもの「自発性」の保持につとめるという視点から理解することが求められるのである。

このようにして教師が「世界」について伝える中で子どもの「自発性」の保持につとめた先には、第四章で示したように子どもが「行為」を起こしてしまうことが想定できる。繰り返し述べてきたように、アレントの論じる「自発性」は「行為」と「制作」を駆動する力として捉えられる。それゆえ、教師が子どもの「自発性」の保持につとめるとき、その「自発性」に基づいた「行為」が起こることは十分に想定する必要がある。そして、第四章で検討してきた「行為」が有する「非主権性」に関する議論を想い起こすのであれば、大人や子どもといった区分によらない人々が起こす「行為」は誰にも制御できないことも忘れてはならない。したがって、教師は、子どもが「自発性」に基づいて起こしてしまう「行為」に対して、それを促すことも止めることもできないのである。

このことを踏まえたとき、教師に求められることは、子どもの「自発性」の保持につとめるということだけに留まらないだろう。そこで次節では、教師が子どもの「自発性」の保持につとめた先のことを考えるために、

「教師の資格」と密接な関係性にある「教師の権威」に着目することとする。

第四節　「世界」への責任を引き受ける
――「教師の権威」について考える

第二節で検討してきたコーンとヤング＝ブルーエルのやり取りからは、アレント教育論から描くことのできる教師の姿を考える上で多くの示唆をえた。しかし、二人の手紙からは、「自発性」の保持につとめた先の教師の姿を考える手立てを見出すことが難しいように思われる。というのも、二人の手紙は、自分たちがアレントから受けてきた高等教育の話題を中心としているため、子どもが「行為」を起こしてしまうということを想定していないからである。そこで、この節では、これまでの本書における「行為」への着目の仕方とは異なり、「自発性」の保持につとめた先の教師の役割という観点から「行為」に着目していきたい。まずは、第三章において着目した「保守」と「革命」を重ね合わせるアレントの議論を再訪することから始める。

刷新され続ける「世界」

第三章では、「保守」と「革命」を重ね合わせて理解するアレントの議論を「行為」の観点から解釈することに取り組んできた。この議論の中でアレントが着目していたものが、アメリカ憲法における修正条項の役割である。アレントは、アメリカ憲法が修正を重ねることによって「権威」を増大／増加させている点に着目して、「増大による創設と保存の一致という観念、つまり、何か全く新しいことを始めるという「革命的」行為と、幾世紀を通じてこの新しい始まりを守るという保守的な気遣いは関連している」と述べていた［OR：203=324］。ここで、このアメリカ憲法における「権威」を増大／増加させる出来事である修正としての「行為」に着目する。

アメリカ憲法における修正の出来事が示しているように、「行為」は一度きりで終わることはなく、連続して起こるものとして捉えられる。第四章でも確認したように「行為」は、それ自体が新しい「始まり」であるが、この新しい「始まり」は更なる次の新しい「始まり」としての「行為」の原因となる。というのも、『人間の条件』の中でアレントは、人々が起こす「あらゆる過程は、新しい過程の原因となる」と述べていたからである［HC：190=307］。ただし、ここにおける「行為」と次の「行為」の関係性は、単なる同じものの繰り返しとして捉えてはならない。その関係性は、原因となるものとつながりつつもそれ自体は全く新しいものである、という連続のもとに理解することが求められる。というのも、アレントが、「行為は人々に向けられるものであり、それらの人々も行為を行う能力を持っているから、そこで起きる反作用は、一つの応答である以上に、それ自体がつねに新しい行為であって、この新しい行為は自分にもはねかえり、他人にも影響を与える」と述べていたからである［HC：190=308］。このことからも明らかなように、「行為」はその内実を規定することなく次の新しい「行為」へと伝播する。このようにして伝播する「行為」は、明確な予見できる終わり――第二節で検討してきたコーンの言葉を借りるのであれば「最終性」と表現できるかもしれない――をもたらすことはない。アレントは、「行為」が明確な予見できる終わりを持たないことを、明確な予見できる終わりを持つ「制作」と区別して論じる［HC：143f.=233］。このことからは、「行為」が終わることなく次の「行為」をもたらすものとして理解することができる。この「行為」の連続性に着目するとき、大人や子どもといった区分によらない人々が起こしてしまうそれが連続することで「世界」はつねに、刷新され続けることになるのである。

「行為」に対する応答責任を果たす教師

ここで、ようやく「教師の権威」に関する議論に立ち返ることができる。アレントは、「教師の権威は彼が世界への責任を引き受けることに基づく」と述べていた［CE: 186=255］。先述したように、「世界」は、「自発性」に基づく「制作」と相互往還的で不可分な関係にある「行為」が連続することによってつねに刷新され続ける。このように人々が起こしてしまう「行為」を通じて刷新され続ける「世界への責任を引き受ける」とき、「教師の権威」は生じる。教師は、大人や子どもといった区分によらない人々が起こしてしまう「行為」に対する応答責任（responsibility）を果たすことが重要となるのである(8)。では、なぜ教師は「世界への責任を引き受ける」必要があるとアレントは考えるのだろうか。

アレントは、教師が責任を引き受ける「世界」について、それは彼が作ったものでなければ、望んでもいない形かもしれないと述べる［CE: 186=255］。それにもかかわらずアレントは、この自らが作ったものでも望んだものでもないかもしれない「世界への責任」を教師は引き受けなければならないと考える［CE: 186=255］。というのも、この「世界への責任」は、子どもたちが「絶えず変化する世界へと大人によって導かれるという事実」に基づいているからである［CE: 186=255］。

アレントが「私たちみなが、生まれることによってこの世界の内へ入」ると述べていることからも明らかなように［CE: 193=264］、子どもは自らが作ったものでもなければ、望んでもいないかもしれない「世界」に参入せざるをえない。「世界への共同の責任を引き受けることを拒否する人は、子どもを持つべきではなく、子どもの教育に参加することは許されない」とアレントは強く主張するが［CE: 186=255］、その理由は子どもが「絶えず変化する世界へと大人によって導かれるという事実」の観点から説明することができる。教師は、「世界に住むすべての代表者であるがごとく」子どもに対して「これが私たちの世界である」と語る以上、彼が「世界への責任を引き受ける」ことは必要不可欠なこととして理解しなければならないのである。(9)

このアレントの「教師の権威」に関する議論に着目するとき、そこからは刷新され続ける「世界への責任を引き受ける」教師の姿を確認することができる。この教師は、自らが作ろうが作らなかろうが、あるいは、望もうが望まなかろうが、人々が起こしてしまう「行為」を通じて刷新され続ける「世界への責任を引き受ける」ことになる。ここに、子どもが起こしてしまう「行為」に対する応答責任を果たす教師の姿を捉えることができる。

アレントが「教育の危機」で展開する「教師の資格」と「教師の権威」に関する議論からは、子どもの「自発性」の保持につとめ、その先に彼らが起こしてしまう「行為」に応答責任を果たす教師の姿を見て取ることが可能となる。ここに、「政治」教育を担う教師の姿が描き出されるのである。

第五節　「政治」教育を担う教師について考える

本章では、これまでの本書の取り組みから明らかになったアレントの「保守的」な教育論から導かれる「政治」教育を担う教師の姿を描き出すことを目指してきた。ここで、本章のこれまでの議論を振り返る。

まず、アレントのかつての教え子であるコーンとヤング＝ブルーエルの往復書簡を手がかりとすることを通じて、そこからみえてくる教師アレントについて検討を行った。ここから明らかになったのは、教師としてのアレントが「「思考」」の成果として述べられる理論」や「知識」を詰め込むのではなく、その理論化に取り組んだ

「思考」を教えることに力点を置いていたということである。この取り組みからは、教師アレントが「自発性」を極めて重要なものとして扱っていたことが確認された。ただし、この教師アレントが「自発性」を極めて重要なものとして扱っていたというのは、弟子からみた彼女であるということを忘れてはならない。

そこで次の二つの節では、「教育の危機」における教師をめぐる議論をこれまで本書が確認してきた「自発性」に関わる議論の観点から検討することを通じて、アレントの論じる教師について迫ってきた。そして、このことから「政治」教育を担う教師の姿を描き出すことを試みた。その際に注目したのが、「教育の危機」における「教師の資格」と「教師の権威」に関する議論である。

アレントによると、「教師の資格」は、「世界を知り、それを他者に伝えることができること」から成り立つ。ここでは、第二章の議論を再訪しつつ、この「世界」――「新しい世界」とは区別される「私たちの世界」――は「自発性」が駆動する「行為」と「制作」通じて構成されるものであることが確認された。このことを踏まえたとき、「教師の資格」に関する議論からは、教師がこのことを知り、そして子どもに対してそれを伝えると同時に、彼が子どもの「自発性」の保持につとめることの必要性が提起されるのである。

このように教師が子どもの「自発性」を保持した先、彼らはそれに基づいて「行為」を起こしてしまうことがある。「教師の権威」に関する議論からは、大人や子どもといった区分によらない人々が起こしてしまう「行為」に対する応答責任を果たす教師の姿を確認することができる。「教師の権威」は、子ども――もちろん大人も――が「自発性」に基づいて起こしてしまう「行為」を通じて刷新され続ける「世界への責任を引き受ける」ところに生じる。ここに、子どもが起こしてしまう「行為」に対する応答責任を果たす教師の姿を認めることができる。こうした「教師の資格」と「教師の権威」に関する議論からは、子どもの「自発性」の保持につとめ、その先に彼らが「自発性」に基づいて起こしてしまう「行為」に応答責任を果たす教師、という「政治」教育の担い手が描き出されるのである。

こうした「政治」教育を担う教師は、「新しい世界」を実現するために子どもを政治利用することを避けることが求められる。しかし、この「政治」教育を担う教師は、子どもが「自発性」に基づいて起こしてしまう「政治」的な「行為」に対する応答責任を果たさなくてはならない。ここにおいて、子どもを大人が政治利用することと自らの「自発性」に基づいて子どもが「行為」を起こしてしまうことは区別しなければならない。

このことを踏まえたとき、「政治」教育を担う教師は、第一節で確認したレヴィンソンが示すような子どもが「世界」を「正すことを企てるように動機づける」存在とは明確に異なる存在であるということを理解することが重要になる。むしろ、「政治」教育を担う教師は、子どもが「世界」を「正すことを企てる」のではなく、すでに正しているという想定のもとに立つことが求められる。というのも、第四章でも確認したように、「政治」における「行為」は、「非主権性」という性格を有するがゆえに、大人に限らず子どもが起こしてしまう——「世界」をすでに正している——ことは十分に考えられるからである。[10]「政治」教育を担う教師は、この想定のもとに立ち、子どもが起こしてしまう「行為」に対する応答責任を果たさなくてはならない。

以上の議論を踏まえたとき、「政治」教育を担う教師は、子どもの「自発性」の保持につとめることを通じて、彼らが「行為」を起こす手前の所までの「準備」に取り組み、その先に彼らが「自発性」に基づいて起こしてしまう「行為」に対する応答責任を果たすことが求められる。これこそが、「保守」と「革命」を結びつけて論じるアレント教育論から導かれる「政治」教育を担う教師の姿なのである。

註

（1）このレヴィンソンの議論を受けて小玉重夫は、「過去と未来の裂け目のただなかで、そのいずれをも特権化することなく、その両方に対して応答的な立場を確保しようという戦略」の要に「教える存在としての教師」を位置づけることを試みる［小玉 2013: 190］。このことから小玉は、「進歩主義のように子ども中心の立場に立つのでも、保守主義のように過去の伝統を特権化するのでもない、その間に立つ」教師の姿を提示する［小玉 2013: 190］。

（2）この他にも第三章で着目した、子どもたちに過去の伝統や偉大な作品を含めた「旧いもの」としての古典を教えることが、新しいものの創造につながると主張するモルデハイ・ゴードンや「これまで見られ、聞かれていたのとは別様の過去を発見し、あり得たかもしれない可能性を思考する営み」として教育を捉え直そうとする田中智輝の取り組みの中にも教師の姿を捉えることができるかもしれない［Gordon, M 2001b］［田中智輝 2017］。

（3）このコーンの見解を補強するものとして、本書の第二章で確認した『全体主義の起原』二版に所収している論文「全体主義的帝国主義」や『革命について』における「評議会」に関する議論は位置づけることができるかもしれない。第二章でも確認したように、アレントが「評議会」を評価するのは、それが「いかなる理論によって予見されるもの」ではなく［cf. TI: 30f.; OT2: 499f.］、「自発性」に基づく「自由」と結びついた「行為」に由来するからであった［cf. OR: 266=417f.］。こうした「評議会」に関する議論は、アレントが何らかの「理論」ではなく、人間の「自発性」を重視していたことを明るみにしてくれるものとして理解することができるのである。

（4）このコーンとヤング＝ブルーエルの往復書簡は、基本的にイタリック体で表記され、強調箇所がブロック体になっている。

（5）コーンとヤング＝ブルーエルがみた教師アレントは、高等教育を担う存在として理解しなければならない。したがって、教師アレントが取り組んだことをそのまま初等・中等教育に導入するのには困難がともなうかもしれない。しかし、第二章で明らかにしたように、子どもや大人といった区分に関係なく「自発性」は人間にとって重要なものである。とりわけ、アレントの論じる「保守的」な教育にとっては、この「自発性」の保持につとめることが欠かせない。このことを踏まえたとき、初等・中等教育における教師は、高等教育を担う教師アレントの取り組みから多くのことを学ぶことができるのである――「教育の危機」では、初等・中等教育を対象にして論じているように思われる箇所がいくつかあることを付記しておく［cf. CE］。

（6） 教師が「世界を知り、それを他者に伝える」ことが困難になりつつあるという指摘を見逃す訳にはいかない。たとえば、レヴィンソンや浅井健介は、アレントの「世界疎外」論の観点からこの困難さを指摘する［Levinson 2010］［浅井 2024］。この指摘を踏まえたとき、教師は、この困難さを受け止めつつ、いかにして「世界を知り、それを他者に伝えることができる」のかについて考え続ける必要があるだろう。

（7） たとえば、レヴィンソンは、第一節で着目した論文とは別の論文の中で、アレントが「私たち大人がそうであってほしいと望むような世界」と「あるがままの世界」とを区別していると指摘している［Levinson 2010: 466 強調原文イタリック］。

（8） 第二章の註（16）で言及したことを再訪したい。ここでは、アレントが「行為にわれわれが翻弄され破壊されることを、これでもかこれでもかとわれわれに自覚させようとしている」という森一郎の指摘を受け［森 2008: 216］、刷新と破壊という二面性に対する教育学からの応答の重要性を提起した。たしかに、森が指摘するように、「行為」が破壊をもたらすことはあるだろう。これまで確認してきた議論を踏まえるのであれば、破壊をもたらす「行為」は、更なる破壊をもたらす、あるいは、それとは異なるものをもたらす「行為」の原因となる。そもそも、ここにおける破壊は、すでに存在しているものを破壊することを通じて刷新していると理解することもできるだろう。破壊をもたらす「行為」は、それで終わるのではなく、次の「行為」をもたらす。このように、連続する「行為」は、その良し悪しは抜きにして「世界」を刷新し続けるのである――ここで、『全体主義の起原』二版以降に所収される論文「イデオロギーとテロル――新しい統治形態」における「しかしまた、歴史におけるすべての終わりは、必然的に新たな始まりを内包するという真理も残る」という記述を想い起さなくてはならない［IT: 327; OT2: 478f.］。このように刷新され続ける「世界への責任を引き受ける」教師という姿の中に刷新と破壊の二面性に対する教育学からの応答を確認することができる。

（9）ここには、反出生主義に応答しうる教育学の一端としてアレントの論じる教育を理解する第一章の議論を補強する手がかりを見出すことができるかもしれない。というのも、自らが作った訳でもなく、望んだわけでもないかもしれない——あるいは、「生まれてこない方が良かった」と言うことができるかもしれない——「世界」に参入せざるをえない子どもに対して、教育学からの応答は極めて重要な役割を持つことになるからである。この視点に立つとき、教師は「世界への責任」を引き受けることを欠いてはならないのである。

（10）たとえば、当時一六歳のグレタ・トゥーンベリがはじめた#Fridays For Future運動は、ドイツの気候変動政策に影響を与えたと言われている［斎藤 2020: 117］。編者を代表して『アーレント読本』の「序」を執筆した三浦隆宏は、このトゥーンベリの運動について考察を展開する［cf. 日本アーレント研究会 2020］。その際に三浦は、本書の序章で引用したギュンター・ガウスによるインタビューに着目する。このインタビューの中でガウスは、アレントが彼女の師であるカール・ヤスパースから引用した「公的領域への冒険」という言葉が持つ彼女にとっての意味内容を問う［WR: 22=33］。この問いに対してアレントは、「公的な領域の光に自分の姿を晒すこと」と「何かを始めること」という二点——彼女が述べるところの「行為」との関わりで理解することが求められるかもしれない——であると答える［WR: 23=33］。三浦は、このことに着目し、トゥーンベリは「その意味でまさに「公的領域への冒険」を試みたのだと言ってよい」と述べている［日本アーレント研究会 2020: iii］。もちろん、本書でも度々確認してきたように、大人による子どもの政治利用を忌避してきたアレントの立場からすると、このトゥーンベリらの運動はその是非も含めて批判的検討の対象とならざるをえない。しかし、本書の主題がアレントの教育理論にある——政治運動の是非をはじめとした個別具体的な検討は本書の主題ではない——ことを想起するのであれば、「世界」をすでに正しているのかもしれないという視点からトゥーンベリらの運動に注目することには一定の意義を確認できるだろう。

補　章　アレント「政治」的道徳論から考える「思考」と「行為」のつながり
——道徳教育における「政治」教育の可能性を探る

第一節　「思考」と「行為」の観点から道徳を考える

これまで本書では、アレントの「保守的」な教育論における「行為」の重要性を全体にわたって確認してきた。各章での検討からも示されたように、このことは、アレントの「保守的」な教育論における「思考」の重要性を提起してきた先行研究では必ずしも十分に明らかにされてこなかった。

先行研究と本書のこれまでの成果を踏まえると、アレントの「保守的」な教育論において、「思考」と「行為」という二つの営みは重要な役割を持つ。では、アレントは、「思考」と「行為」をどのような関係性のもとに把握しているのだろうか。この問いに応答して本書の主張を補うために本章では、「全体主義」における「悪」の問題と関わる「誰であるか（who）」という「人格的アイデンティティ（personal identity）」に関する議論を軸にして、「思考」と「行為」の関係性を読み解くことを試みたい。この試みを通じて本章では、アレントの「保守的」な教育論における「思考」と「行為」の関係性についての検討と、それと関わる「道徳性（morality）」に関する議論の観点から道徳教育に対する若干の考察を加えることにする。

アレントは、第二次大戦期から戦後にかけてのドイツで二度にわたる「『道徳的な』秩序」の崩壊を目撃したと述べる［SQMP：54=92］。一度目は、「自分をナチスと同一化しようとも考えもしなかったドイツ社会のあらゆる階層の人々が、あたかも当然であるかのように、こうした〔ユダヤ人〕殺戮計画に協力したという事実」にみてとる［SQMP：53=90］。二度目は、ユダヤ人殺戮計画に協力した「ドイツ社会のあらゆる階層の人々」の「道徳性」が第二次大戦におけるドイツの敗北によって、第二次大戦以前の状態へ「戻った」ことに見出す［SQMP：54=92］。こうした経験を経たアレントは、ユダヤ人殺戮計画のような「悪」をなすことから離れる人間の生の在り方を探究することになる。

アレントは、一九五六年のニュースクール・フォー・ソーシャル・リサーチでの「道徳哲学のいくつかの問題」と題した講義の草稿の中で「悪」をなすことから離れる人間の生の在り方について探究する。詳しくは次節以降で論じるがアレントは、「悪」をなしたナチスの犯罪者にある特徴を見出していた。その特徴とは、「誰でもない人（nobody）」という「人格（persons）」が放棄された状態である［SQMP：111=184］。アレントは、「悪」をなす人間の特徴にこの「人格」の喪失をみてとる。それに対してアレントは、「悪」をなすことから離れる人間についての考察も行う。その人間は、「思考」を通じて、どんな他者にも代替しえない「誰であるか」という「人格」や「人格的アイデンティティ」を構成し、それを有する固有な存在として他者とともに「話し合う」ことと密接に結びついている「行為」[(1)]をする。アレントは、こうした人間が「悪」をなすことから離れると考える。

従来の道徳教育の先行研究でアレントは、「道徳哲学のいくつかの問題」とそれに影響を与えた『エルサレムのアイヒマン(2)――悪の陳腐さについての報告』における「思考」の議論が注目されてきた。杉山直子は、「道徳哲学のいくつかの問題」におけるアレントの議論から学ぶべき道徳教育の可能性として「自明である「道徳的な知識、善悪に関する知識」の習得・理解を図ること、想像し思考することを学び、自分の声を聴くこと、自分が自分として行動し生きることである」と述べる［杉山 2014: 109］。また、高橋美恵子は、『エルサレムのアイヒマン――悪の陳腐さについての報告』に依拠してアレントの論じる「道徳性」を「現実社会と結びつき、具体的な社会を場として、自己のなかに存在する「差異（矛盾）」を意識し思考し判断する、きわめて政治的社会的な行為行動と一体となった」ものであると論じる［高橋 2017: 13］。この観点から高橋は、「自分の感情や思考に沿いつつ「善悪の判断」をくだすことのできる道徳性の育成」の可能性を「道徳哲学のいくつかの問題」の「思考」に関する議論にみてとろうとする(3)［高橋 2017: 5］。

しかし、両者の研究は、「思考」と「行為」の関係性についての検討が十分に行われているとは言い難い状況にある。高橋の研究では、「思考」から導かれる「道徳性」が「政治的社会的な行為行動」と一体となったものであると指摘されてはいるが、「政治的社会的な行為行動」において「思考」がいかなる効用を持つのかについて十分な検討がなされている訳ではない。また、小学校では二〇一八年、中学校では二〇一九年から「特別の教科　道徳」が実施され、「考える道徳」と「議論する道徳」の導入が叫ばれている［文部科学省 2018c: 2; 文部科学省 2019b: 2］。このことを踏まえると、アレントの議論からの道徳教育への示唆は、「思考」と「話し合うこと」と結びついている「行為」の関係性を詳らかにすることでみえてくることが見込まれる(4)。

以上よりこの補章では、アレントにおける「誰であるか」という「人格的アイデンティティ」を補助線として「思考」と「行為」の間のつながりを明らかにすることを目的とする。そして、このつながりの観点から先の章までに確認してきたアレント教育論を検討し、道徳教育における彼女の議論の意義を考察する。そのために本章では以下の課題に取り組む。第一に、「誰であるか」という「人格的アイデンティティ」に着目することを通じて、「悪」をなす存在に対するアレントの考察を確認する（第二節）。第二に、このことの検討から導かれる「誰であるか」という「人格的アイデンティティ」と「悪」についての議論を踏まえ、アレントにおける「悪の凡庸さ」に陥らない「道徳性」を「思考」と「行為」の関係性の観点から位置づける（第三節、第四節）。第三に、以上の議論とアレント教育論の接点を探ることを通じて、道徳教育における彼女の議論の意義を明らかにする（第五節）。

第二節　「誰でもない人」と「誰であるか」を開示する人

「悪」を犯す「誰でもない人」

エルサレムの法廷でアイヒマンをみたアレントは、「無思考性」や「悪の凡庸さ」という術語を用いて何を表現しようとしたのだろうか。それは、アイヒマンにおける「決まり文句の使用」が内包する危うさである。三浦は、「決まり文句の使用」が「思考する能力」の欠如を意味すると述べ、これこそが「無思考性」や「悪の凡庸さ」という術語を用いてアレントが言い当てたかったことの内実であると言う［三浦 2020b: 110］［cf. EJ: 49=68f.］。

アレントに即して三浦は、決まり文句が示せるのは「せいぜいのところ「その人が示したり隠したりできる、その人の特質や天分、能力、欠陥」としての「何であるか“what”」に過ぎない」と述べる［三浦 2020b: 110］［cf.

HC: 179=291]。ここにおいて、アレントが、この「何であるか」と対置される、「人格的アイデンティティ」としての「誰であるか」ということを重視していたことは明記しておく必要がある。一九五八年に上梓した『人間の条件』の中でアレントは、ある人間が他者との「行為」通じて、「自分が誰であるかということを示し、そのユニークな人格的アイデンティティを積極的に明らかに」すると論じている［HC: 179=291］。三浦が指摘したように、人は決まり文句を使用している限り、「何であるか」ということを示すに過ぎないのである。そのため、人は「誰であるか」というユニークな「人格的アイデンティティ」を他者に開示することができない。

アレントによれば、ナチスの犯罪者が侵した最大の「悪」とは、「誰でもない人によって、すなわち人格であることを拒んだ人によって実行された」ものである［SQMP: 111=184］。ナチスの犯罪者が「意図がなかったこと」や「命令に従った」に過ぎないと自らに責任がないことを主張していることからも明らかなように［SQMP: 111=184］、「悪」をなす人は「人格」を有する固有なその人である必要はなく、ナチスの命令に従う人ならば誰でも良いことになる。つまり、「悪」をなす人というのは、ユニークな誰にも代替しえない「人格」を放棄した、誰にでも代替可能な「誰でもない人」なのである。

「誰であるか」を他者に対して開示する存在

「悪」に対するアレントの考察を理解する上で人間が、「行為」を通じて他者に対して代替不可能でユニークな「誰であるか」という「人格的アイデンティティ」を開示することは極めて重要な意味を持つ。ただし、『人間の条件』の中でアレントは、「誰であるか」ということの開示が「ある目的として行うことはほとんど不可能なのであ」り、「自分の特質を所有し、処理するのと同じ仕方」ですることはできないと論じる［HC: 179=292］。というのも、「誰であるか」ということは、「他者に対してはこれほどはっきりと間違いなく現れる」のに対して、「本人の眼には全く隠されたまま」だからである［HC: 179=292］。ある人間の「誰であるか」という「人格的アイデンティティ」は、「行為」という「他者とともにある場合、つまり純粋に人間的共同性におかれている場合」にのみ、他者に開示される［HC: 180=292］。人間のユニークな「人格的アイデンティティ」は、その人間がみせたいようにみせることができるものではなく、他者とともにあり、その他者との「行為」の中でのみ、他者に対して開示される。このとき人間は、「悪」をなす「誰でもない人」とは対置される、他者に対して「誰であるか」という「人格的アイデンティティ」が開示された存在として現れるのである。

では、この他者に対して開示される「誰であるか」という「人格的アイデンティティ」はいかにして構成されるのか。アレントは、その契機を「思考」という営みにみてとろうとする。そこで次節では、「思考」と「悪」の関係性に焦点を当てるアレントの議論を確認していきたい。

第三節　「悪」をなすことから離れる「思考」

「わたし」と「自己」の語り合いとしての「思考」

「道徳哲学のいくつかの問題」の中でアレントは、「思考」をソクラテスの議論から導かれる「道徳性」と関連づけて議論を展開する。「思考」に関する議論においてアレントは、「道徳性」を「個人の単独性」との関わりの中で捉えようとする［SQMP: 97=161］。アレントは善悪の基準を「周囲の人々と共有する習慣や習俗」、あるいは、「神の命令や人の命令」のような外的な基準に求めるのではなく［SQMP: 97=162］、あくまで「自己」との関わりの中で位置づけようと試みる。この試みを行う際にアレントが着目するのは、ソクラテスの「悪をなすよりも、悪をなされた方がましである」という『ゴルギアス』で展開される議論である［SQMP: 82=136］。

ソクラテスはカリクレスとの対話の中で、人が自己と矛盾したり不調和であることよりも、他者と矛盾したり不調和であることの方がましであると主張する［プラトン 2007: 132］［cf. SQMP: 89f.=148f.］。アレントはこのソクラテスの主張に着目し、「わたしは一人なのですが、単に一人なのではなく、わたしには自己というものがあり、この自己はわたしの自己として、わたしに関わりがある」と論じる［SQMP: 90=149］。「わたし」という人間は他者からみれば一人であるが、「わたし」は自らの「自己」と「語り合う」のであり、この「わたし」と「自己」の関係性をアレントは「一者の中の二者（two-in-one）」と言う［SQMP: 90=149］。そしてアレントは、この「一者の中の二者」という観点から先のソクラテスの主張を次のように解釈する。

> わたしが悪をなすと、わたしは自分の内に悪をなした者を抱え込んでしまい、この者と耐えがたいほどの親しい関係性の内で一生をともにすることを強いられるのです――この者を追い出すことはできないのです。［中略］わたしが思考するとき、わたし自身が自らのパートナーとなり、わたしが行為するとき、わたし自身が自らの証人となるのです。［SQMP: 90=149f.］

「わたし」の内には、「自己」が存在し、「行為」する際には必ずその「自己」が証人となる。そのため、「わたし」が「悪」をなせば、「わたし」の「自己」はその「悪」をなした者、すなわち、「わたし」と一生をともにしなくてはならない。人間は、他者と意見が合わなければ、その場を去ることを通じてその他者から離れることができるが、「自己」と意見が合わないからといって、「わたし」の内にいる「自己」を切り離すことはできない[SQMP: 90=149]。アレントはこの点に、ソクラテスが他者との不調和よりも「自己」との不調和を避け、「悪をなすよりも、悪をなされた方がましである」と主張する理由をみてとる。

以上を踏まえたとき、アレントが論じる「道徳性」における善悪の基準は、「自己」の外にあるものではなく、「わたし」と「自己」が語り合った先にえられる両者の一致という点に求めることができる。アレントは、「わたし」と「自己」がともにある状態での沈黙の「語り合い」としての対話のプロセスを「思考」と位置づけ、「一人になること(solitude)」とも言う[SQMP: 97f.=162]。「一人になること」という「思考」を通じて、人間は「わたし」の内にいる「自己」とともに生きていかなくてはならないということを理解する[SQMP: 101=167]。この限りにおいて人間は、「自己」が「悪」をなした「わたし」とともにあることを避けるために「無制限で極端な悪」からは離れる、とアレントは述べるのである[SQMP: 101=167]。

「根」を持つプロセスとしての「思考」

アレントは、アメリカのジャーナリストであるサミュエル・グラフトンと交わしたやり取り(一九六三年九月)の中で、「思考」と「悪」の関係性について次のように論じる。アレントは、「悪」は「根に行き着こうとするものではない」と述べるのに対して、「思考は定義からして根に到達したいと思うこと」であると論じる[JW: 479=336]。「道徳哲学のいくつかの問題」の中でアレントは、「思考」を「人間が根を持ち、私たちの誰もが異邦人として訪れるこの世界に自分の場所を占めるための方法」であると述べていた[SQMP: 100=167]。ここにおいて「自分の場所を占める」とは、その場所を占める自分が誰にも代替できないということを意味する。言い換えれば、「根」を持つことは、誰にも代替しえない確固たる存在として「この世界に場所を占める」方法として捉えることができるのである。このことを踏まえたとき、「思考」という「根」を持つプロセスは、自分が他者に代替可能な「誰でもない人」とは対置される、他者には代替できない「誰であるか」という「人格的アイデンティティ」を構成する方法として理解されなくてはならない。というのも、「根」を持つプロセスとしての「思考」は、ある人間を「単なる人間存在」や「誰でもない人」から区別される、「人格」を生じさせる営みとして捉えられるからである［SQMP: 100=167］。

それに対して「悪」は、「根に行き着こうとするものではない」からこそ、「悪」をなす「誰でもない人」が「世界」の中で自分の場所を占めることはない。というのも、その自分のものとされる場所は、「誰でもない人」ならば代わりに誰でも占めることができてしまうからである。(5) こうした議論の観点からアレントは、「道徳的人格（moral personality）」という言葉が同義反復的な冗語として理解できると強く主張する［SQMP: 100=167］。ここに、「悪」をなすことから離れる「道徳的」なことと「単なる人間存在」や「誰でもない人」から区別される「人格」は、「思考」という営みを介してつながることが確認されるのである。

第四節　一人で「思考」し複数人で「行為」する存在
――アレントの議論を「政治」的道徳論としてみる

「一者の中の二者」から「不変の一者」へ

ここまでの議論を振り返れば、「思考」という「わたし」と「自己」の沈黙の対話は、人間が「根」を持っための過程として理解され、誰にも代替しえないその人間のユニークな「人格的アイデンティティ」を構成する。この「思考」をする人間は、「悪」をなした存在とともにあることを避けるため、「悪」をなすことから離れる。「思考」を通じて「人格的アイデンティティ」を構成した人間が、「行為」をする存在となるためには他者の存在を欠くことができない。(6) アレントは、一九五八年に増補改訂した『全体主義の起原』の中でこのことについて次のように述べる。

一人になることの問題は、この一者の中の二者が、再び一者――どんな他者とも決して間違われないような不変の一者――となるためには他者を要求することにある。わたしがアイデンティティを確認するためには、わたしは全面的に他の人々に依存しなければならない。[OT2: 476]

「思考」、すなわち、「一者の中の二者というこの対話は、自分の同胞がいる世界との関係を喪失しているのではな」く [OT2: 476]、むしろ他者を必要不可欠とする営みとして理解しなくてはならない。あくまでも「思考」は、他者とともにある関係性から一時的に「一人になること」と捉えられる。「思考と道徳の問題」[1971] の中でアレントが述べるように「思考」は、人間が「別の世界に入るかのよう」な [TMC: 165=304]、あるいは、「意図的に共通世界から離脱する」営みなのである [TMC: 166=306]。このとき人間は、「わたし」と「自己」という二者間の沈黙の対話を行う状態に入る [SQMP: 98=162]。

第二節で確認したように人間は、他者との「行為」においてのみ、他者に対して「人格的アイデンティティ」としての「誰であるか」を開示することができる [HC: 179=291]。しかし、『全体主義の起原』の記述に着目すれば「思考」は、「わたし」と「自己」という他者と隔てられた対話の中で「人格的アイデンティティ」を構成するに留まり、それを他者抜きに確認する手法を持ち合わせてはいないことが明らかとなる。この確認は、あくまで他者を通じてのみ可能となり、他者のおかげで人間は「交換不可能な人格の単一な声」を持つ存在になることができるのである［OT2: 476］。ある人間における「思考」という「わたし」と「自己」の内的な二者間の対話は、その（ある）人間が他者から話しかけられることによって中断し、その（ある）人間は話しかけてきた他者に対して応答する［SQMP: 98=163］。このとき人間は、話しかけてきた他者への応答、すなわち、「話し合う」という「行為」を介して、一時的にいた「別の世界」から他者と共有する「世界」へと戻る。「思考」を通じて「人格的アイデンティティ」を構成した人間は、他者との「行為」を通じて、「一者の中の二者」から他者に対して「誰であるか」ということを開示する、「悪」をなすことから離れる「不変の一者」になるのである。

「道徳性」と「政治」の関係性

「道徳哲学のいくつかの問題」の中でアレントは、ユダヤ人の大量殺戮が「ナチス党員の行動（behavior）によってではなく、いかなる信念もなく、ただ当時の体制に「同調した」だけの人々の行動」が招いたものであると論じる［SQMP: 54=91］。それに対して、「思考と道徳の問題」の中では、このようにナチスに「同調した」人々の「行動」とは異なる、人間の「行為」を「思考」との関わりで次のように論じる。アレントは、「誰もが、他のすべての人々が行い、信じていることに考えないで流されているとき、思考する人々は隠れ家から姿を現」すと述べ、「流されることを拒むことが極めて目立つためにそれがある種の行為となる」のであると主張する［TMC: 188=342］。「思考」する人間は、他者の前に立ち現れるがゆえにそれが「行為」となる。人間は、「思考」

で構成した「人格的アイデンティティ」を「行為」という他者との営み中で開示するとき、「誰でもない人」とは区別される「どんな他者とも決して間違われないような不変の一者」として立ち現れる。したがって、「思考」は、他者を介した「行為」と往還的な関係性にある営みとして理解されなくてはならない。外的な規範としての「道徳性」とは異なる、「わたし」と「自己」の関わりで捉えられる「思考」から導かれる「悪の凡庸さ」に陥らない「道徳性」は、他者との「行為」の中で発揮されるのである。「思考」と「行為」のつながりは、アレントの論じる「道徳性」にとっての前提条件としてみることができる。

以上を踏まえたとき、このアレントの論じる「道徳性」は、これまでの本書を通じて検討してきた「政治」との関わりで理解することが求められる。ここに、アレントの議論を「政治」的道徳論として読み解くことが可能になるのである。

第五節　「思考」と「行為」の機会を確保する教育

これまでの議論からは、「悪の凡庸さ」に陥らないために、「思考」と「行為」という往還的な営みを欠くことはできないということが明るみとなった。この観点からアレントの「保守的」な教育論を眺めるとき、彼女の議論は道徳教育に対していかなる示唆を付与するのか。これまでの章ですでにアレントの「保守的」な教育論についての検討を重ねてきたが、本章が明らかにしたこととの関わりで改めて確認していく。

本書を通じて確認してきたように、「話し合う」ということと重なる「行為」はアレントの論じる「保守的」な教育において重要な役割を果たす。また、「思考」もアレントの論じる「保守的」な教育にとって重要な役割を果たしているということについては、これまでの章における先行研究の検討を通じて確認ができている。とりわけ、「教育の危機」を所収している論集『過去と未来の間』の序文の中でアレントは、フランツ・カフカの「彼」と題された短編小説に着目して、新しく生まれてくる人間存在が「思考」を試みることの重要性を論じていた(7)［cf. P: 13=14ff.］。以上のことより、アレントの論じる「保守的」な教育では、「行為」と同様に「思考」は重要な役割を期待されていることが確認できるのである。前節までに確認してきたアレントの「政治」的道徳論における「思考」と「行為」の関係性を踏まえるのであれば、彼女が論じる「保守的」な教育論においても、「思考」と「行為」を往還的な営みとして理解することが求められよう。しかし、この「政治」的道徳論において確認された「思考」と「行為」は、極めて「政治」的な営みであるということには注意を払う必要がある。

本書を通じて度々確認してきたように、「リトルロックの省察」においてアレントは、大人が黒人と白人の統合問題の解決に子どもを利用することを批判していた［RL: 204=375］。そしてアレントは、「今や私たち〔大人〕は、子ども達に世界を変革し、改善することを要求する時代となったのか？そして私たちの政治的な争いを校庭で、闘わせようとするのか？」と厳しく大人を断罪し［RL: 204=375］、大人が子どもを政治利用の対象とすることを追及する。こうした議論に基づいて「教育の危機」の中でアレントは、教育の領域に政治の問題を持ち込むことに対する批判を展開するのであった［CE: 192=263］。しかし、アレントが、大人が子どもを政治利用の対象とするような子どもと政治の関係性とは異なる、子どもと政治の関係性を教育論の中で探究していたことも見過ごしてはならない。度々引用してきた「教育の危機」を結ぶ記述においてアレントは、「子どもを私たちの世界から追放して彼らの好き放題にさせたり、あるいは何か新しいもの、私たちが予見しえないものを企てる機会を彼らの手から奪ったりすることではな」く、彼らが「共通世界を刷新する使命への準備」をすることができる教育を思考していた［CE: 193=264］。第四章では、このアレントが探究していた子どもと政治の関係性が、彼女の論じる「行為」における「非主権性」に着目することを通じて〈子どもの政治〉という形で示され、それに基づいた「政治」教育の構想が詳らかになったのである。

アレントの論じる「保守的」な教育論の観点から彼女の「政治」的道徳論を眺めるとき、それは「政治」との関係性を前提とする。先に確認してきたようにアレントの「保守的」な教育論では、大人が子どもを政治利用の対象とするものとは異なる、〈子どもの政治〉という関係性のもとで教育を展開することが求められる。このことを踏まえると、子どもは、この関係性のもとで、「思考」と「行為」を往還的に行うことが重要となる。これまで確認してきたように、自らの内で行われる「思考」は、「誰であるか」という「人格的アイデンティティ」を構成する。そして、この構成した「人格的アイデンティティ」は、他者との「行為」の中で開示される。この開示がされるとき、人間は「悪」をなすことから離れる。以上より、アレントの議論に基づいて道徳教育を考えると次のようにまとめることができる。それは、大人が子どもを政治利用の対象とする子どもと政治の関係性とは異なる、〈子どもの政治〉を前提とした上で、子どもが「思考」と「行為」という往還的な営みを行うことのできる教育である。この教育が、「誰でもない人」の育成ではなく、「誰であるか」という「人格的アイデンティティ」の構成と開示に向かうとき、人は「悪」をなすことから離れることになる。ここに、アレントの「保守的」な教育論と「政治」的道徳論から導かれる道徳教育への示唆を確認することができるのかもしれない。

第六節　「政治」的道徳論と「保守的」な教育論の間
——アレントとともに考える道徳教育

本章では、アレントにおける「誰であるか」という「人格的アイデンティティ」を補助線として、彼女の議論における「思考」と「行為」の往還的な関係性を明らかにすることを目指してきた。そして、この両者の関係性の観点からアレントの「保守的」な教育論を眺め、彼女の議論から導かれる道徳教育への示唆を検討してきた。ここで改めて議論を振り返りたい。

まず、アレントの「誰であるか」という「人格的アイデンティティ」に関する議論と「悪」をなすことの間の関係性を確認した。ここでは、「人格的アイデンティティ」を喪失した「悪」をなす人間とそれとは対置される「人格的アイデンティティ」を他者に対して開示する人間という二通りの生が示された。

次に、この「人格的アイデンティティ」を構成する営みとしての「思考」を検討した。「わたし」と「自己」の間の内なる対話としての「思考」を通じて人間は、「人格的アイデンティティ」を構成する。また、アレントは、普遍的で外的な規範としての「道徳性」とは異なる「道徳性」を人の内的な営みである「思考」との関わりで捉えていることも確認された。そして、「思考」を介して構成した「人格的アイデンティティ」が他者との「行為」を通じてのみ、他者に対して開示されることが明らかにされた。これらのことから「思考」と「行為」の往還的な関係性が示され、「悪」をなすことから離れる人間は、「思考」と「行為」を通じて「悪の凡庸さ」に陥らない「道徳性」を発揮する。ここに、アレントの「政治」的道徳論の内実を確認できるのである。

最後に、アレントの「保守的」な教育論と「思考」および「行為」の関係性を確認した。そこから導かれた結論は、大人が子どもを政治利用の対象とするものとは異なる子どもと政治の関係性としての〈子どもの政治〉のもとで教育が行われる必要があり、その上で「誰であるか」という「人格的アイデンティティ」の構成と開示に向かう「思考」と「行為」という往還的な営みを行うことが可能となる教育の重要性であった。こうした教育の先に、「悪」をなすことから離れる人間を期待することができる。以上がアレントの「保守的」な教育論と「政治」道徳論から導かれる道徳教育への示唆である。(8)

註

(1)「行為」と「話し合う」ことの関係性については本書のこれまでの章で度々議論してきた方針にしたがっている。詳しくは、第一章の第六節や第二章の第三節などを確認されたい。

(2) 本書は、第二次大戦期のナチスによるユダヤ人殺戮計画において重要な役割を担ったアドルフ・アイヒマンの裁判に対するアレントの考察であり、雑誌『ニューヨーカー』に連載した一連の記事をまとめたものである。『エルサレムのアイヒマン――悪の陳腐さについての報告』の中でアレントは、アイヒマンについて以下のように述べる。「彼は愚かではなかった。完全な無思考性(thoughtlessness)――それは愚かさとけっして同一ではない――、これこそがあの時代の最大の犯罪者の一人にさせたのだ。このことが「凡庸(banal)」であり、それのみか滑稽であるとしても、またいかに努力したところでアイヒマンから悪魔的な底の知れなさを引き出すことが不可能だとしても、これはけっしてありふれたことではない」と[EJ: 287f.=395]。三浦隆宏が指摘するように、アレントの関心は、アイヒマンその人にあるのではなく、むしろ彼の「無思考性」と、それがもたらす「悪の凡庸さ(the banality of evil)」の方であったのである[三浦 2020a: 222]。

(3) 同論文において高橋は、「特別の教科　道徳」における「考え、議論する道徳」に対する批判も展開する[高橋 2017]。高橋は二〇一六年一一月一八日の松野博一文部科学大臣が述べた「道徳」の目標と学習指導要領の総則における「道徳教育」の目標の間で齟齬があると指摘し、それを中心に据える形で「特別の教科　道徳」に対する批判を展開している [高橋 2017: n.5]。しかし、右記の齟齬は、小学校と中学校の学習指導要領上の表現の違いに起因するものである。したがって、このことを考慮すれば、高橋の「特別の教科　道徳」に対する批判は意味をなさないこととなる。

(4) デーナ・ヴィラは、アレントにおける「思考」と「行為」の関係性についての一般的な見解を述べる。ヴィラは晩年のアレント自身の言葉を根拠にして、彼女は「思考と行為がともに相対的に自律していることを強調して、相互に区別すべきことを主張した」と指摘する [Villa 1999: 91=2004: 141]。これに対して、三浦は、アイヒマン裁判以前のアレントが「思考」と「行為」を「関連づけながら考察」していたと述べる [三浦 2020a: 186]。しかし、三浦は、アイヒマン裁判後のアレントは「思考」と「行為」を区別することを通じて、その連関が「後景へと退いてゆく代わりに、むしろその道徳的側面が前景化してくることになったのではないか」と提起する [三浦 2020a: 186]。本章では、こうした先行研究の立場とは異なり、「人格的アイデンティティ」を補助線として「思考」と「行為」の連関を検討することで、この連関を再度前景化させ、それが道徳的側面――アレントの論じる「道徳性」――の支柱となることを示す。このことが示されたとき、アレントにおける「思考」と「行為」の連関は、アイヒマン裁判を軸とした区分ではなく、その前後を問わずに一貫した理解が可能となる。また、アレントの道徳に関する議論は、「思考」に加えて「意志」や「判断」についての議論と関係を持つ。しかし、本章ではこれまでの本書の取り組みから導かれた問いである「思考」と「行為」の関係性を検討することに主眼を置くため、「意志」や「判断」も合わせた包括的なアレントの道徳論の検討は別に機会を持ちたい。

(5) この点に、渡名喜庸哲は「アーレントの責任論」をみてとり、アレントの議論が「全体主義という問題を「無責任の体系」へと還元しないために、「個人の責任」を突き詰めてゆくことで、「私」という「自己」が「誰でもない人」へと転ずるまさにその分水嶺を探り当てる作業」であると評する [渡名喜 2020: 198]。

(6) 村松灯は、「思考」を通じて「人格的アイデンティティ」を構成した個人は、「行為」をするといった「政治」

的な責任を負う存在になると論じている［村松 2013: 162］。そして、村松は、そうした個人は〈他者とともにある〉ということが重要であるとも指摘している［村松 2017］。

（7）田中智輝は、アレントのカフカ解釈に着目して彼女の教育論における「思考」の位置づけを明らかにし、教育が「思考」の領域を確保することの重要性を論じている［田中智輝 2017］。

（8）近年、シティズンシップ教育の観点から道徳教育を捉え直そうとする動向が見受けられる［cf. 水山 2015］［cf. 田中奈津子 2017］［cf. 苫野 2019］。また、お茶の水女子大学附属小学校では、シティズンシップ教育を基底とした「てつがく」――「対話」や「記述」などの多様な言語活動を通して、子どもが「他者との異なりを聴き合いながら、自明と思われる価値やことがらに対して問い直し考え続ける」実践［お茶の水女子大学附属小学校・NPO 法人お茶の水児童教育研究会 2019: 14f.］――を通じて、これからの道徳教育を構想していく際の有力な実践モデルを提示している。子どもが大人の政治利用の対象となることを避け、「思考」と「行為」を通じて「誰であるか」という「人格的アイデンティティ」の構成と開示に向かうことの重要性を主張する本章の試みは、こうしたシティズンシップ教育の観点から道徳教育を捉え直そうとする動向と共有するところが多い。また、本章が導出した結論は、シティズンシップ教育の観点から捉え直す道徳教育を構想する際の有益な理論的基盤となることも見込まれる。こうした議論は、文部科学省が進める「主体的・対話的で深い学び」を構想する際の重要な手がかりとなることを期待させるのである。

終　章　「教育理論家」ハンナ・アレントとともに「政治」教育を思考する

第一節　本書の総括と各章の概略

本書の目的は、「政治理論家」ハンナ・アレントを一人の「教育理論家」として再解釈することであった。本書では、この目的を達成するために大きく二つの課題を設定した。一つ目は、アレントの批判する近代教育、とりわけ、「進歩主義教育」とは異なる、「保守」と「革命」を結び付けて論じる彼女の独自な教育論の内実を明らかにするという課題である。二つ目は、一つ目の課題に取り組むことで明らかとなるアレント教育論から導かれる「政治」教育について構想を試みるという課題である。これらの課題に対して、本書では五つの章と一つの補章を通じて応答を試みてきた。ここで、改めて各章の議論を振り返ることにする。

各章の概略

第一章では、反出生主義に対して応答しうる教育という営み、あるいは、教育学の一端を明らかにすることを目指してきた。反出生主義に関わるいくつかの議論の検討を通じて明らかになったのは、反出生主義を前提とするとき、新たに生まれてくる存在に対する教育という営み、あるいは、教育学からの応答は極めて重要な意味を有するということである。ただし、こうした応答を果たすためには、これまでの教育という営み、あるいは、教育学が前提としてきた生まれることの「良さ」を手放し、「生まれてこないほうが良かった」という立場を前提にした新たな議論枠組みを設定することが求められる。第一章では、アレントがこうした「生まれてこないほうが良かった」という議論を引き受けつつ、それに対する応答を試みる議論を展開していたということが明らかとなった。そして、アレント教育論もそうした反出生主義への応答を土台にした上に成り立つ議論であることが示された。これらのことより、これまでの教育——アレント本人が射程に入れるのは近代教育、とりわけ、「進歩主義教育」——とは異なる新たな教育を思考することを試みた論者として彼女が位置づけられる、ということが確認される。ここに、アレントを「教育理論家」として再解釈するための素地が整えられたのであった。以降の章では、アレント教育論を彼女の論じる「政治」を柱にして理解していくことを試みた。

第二章では、アレント教育論における「保守的」な側面と「世界」の刷新をめぐる議論の間のつながりを彼女が論じる「非自然的」な性格を有する「自発性」の観点から明らかにすることに取り組んできた。アレントの議論において、「自発性」は、彼女の批判する「全体主義」にとっては最大の障害になる。それに対して、アレントが論じる「政治」にとって「自発性」は欠かすことのできない重要な力として位置づけられる。というのも、「自発性」が「政治」を構成する「行為」と「制作」を駆動するとき、「世界」は刷新されるからである。こうした「自発性」の観点からアレント教育論を眺めると、彼女の批判する「進歩主義教育」は「自発性」を喪失させる営みとして捉えることができる。それに対して、アレントの論じる教育は「自発性」の保持につとめる「保守的」な営みとして理解することが求められる。このように「自発性」の保持につとめた先に、「世界」の刷新は期待できるのである。ここに、アレント教育論における「保守的」な側面と「世界」の刷新をめぐる議論が、「自発性」を介してつながることが明らかとなった。以上より、アレントが、ルソーを淵源にもつ「進歩主義教育」を批判してそれとは異なる、「非自然的」な性格を有する「自発性」の保持につとめる独自の「保守的」な教育論を展開していることが示されたのである。

第三章では、この「保守的」な教育論の具体的な内実を検討するために、アレントの「革命」をめぐる議論に焦点を当てた。アレントは「革命」という言葉が有する意味について、天文学の議論にさかのぼって紐解いていた。この天文学上の議論が「政治」の領域に取り込まれたとき、それはあるべき統治体に復古することを意味するものとして理解された。アレントが評価する「アメリカ革命」は、あるべき統治体としての「共和政」に回転して辿り着くことを目指した運動として捉えられる。この「共和政」の樹立には、「権威」の問題が不可欠なものとして生じてくる。「アメリカ革命」は、「人々」――「複数の人間」――が「自由（freedom）」のもとで「行為」することを通じて展開してきた。そして、その「革命」の過程を通じて創設されたのがアメリカ憲法であり、それは自らに修正を加えることで「権威」を増大させながら「保守」してきた。ここに、アレントは「保守」と「革命」の間の重なりをみてとり、「アメリカ革命」を「政治」的な出来事として評価する。それに対して、フランス革命は、人々が有する「自然」な感情としてのパンを求めるという「一般意志」のもとで統合された「人民」――「単数の人間」――が革命を動かしてきたため、「自由（freedom）」の構成にはいたらなかった。このことからアレントは、自らの論じる「政治」的な出来事としてフランス革命は捉えることはせずに「失敗」の革命と評価する。こうしたアレントの「保守」と「革命」に関する議論の観点からこれまでの先行研究における彼女の教育論に対する理解を眺めたとき、アップデートが必要となる。そのアップデートとは、これまでの先行研究で指摘されてきた「思考」に加えて、「行為」の視点からアレントの「保守的」な教育論を理解するということである。「行為」においては、「自由（freedom）」という状況のもとで対等な関係性にある人々が自らの固有な意見を交換させることが重要となる。こうした「自由（freedom）」に基づいて、子どもが「行為」するとき、新しい「始まり」は到来する（かもしれない）。このことを通じてもたらされる（かもしれない）新しい「始まり」は、つねにそうした「行為」によるメンテナンスとしての「保守的」な配慮を不可欠とする。以上を踏まえたとき、アレントの論じる「保守的」な教育は、子どもが起こしうる繰り返しの「行為」によるメンテナスを通じて「世界」を刷新することができるような「準備」としての役割が課される。ここに、アレントの論じる教育における「保守主義」の独自性が示されるのである。しかし、アレントが教育論の中で述べていた大人による子どもの政治利用の問題を考えたとき、この「行為」に関する議論をシームレスに「保守的」な教育論に導入して良いのかという疑問が残る。

第四章では、この疑問に応答するためにこれまでの章とは異なる視点からアレントの論じる「行為」に焦点を当てた。とりわけ、大人が子どもを政治利用の対象とする子どもと政治の関係性とは異なる、子どもと政治の関係性を考えるためにアレントの「行為」における「非主権性」に着目し、その観点から彼女の「保守的」な教育論を読み解くことに取り組んだ。「行為」には、「行うこと」と「受難すること」という二つの側面がある。アレントは、ここに「自由（freedom）」を見出していた。アレントの批判するプラトン以来の西洋思想の伝統では、

「主権」と「自由（freedom）」を同一視していたが、それが可能となるのは「唯一神」という仮定――「単数の人間」による統制が利く場合――のみとなる。したがって、「主権」は「複数性」と相容れない関係性にある。このことからアレントは、「主権」を批判し、「複数の人間」による非主権的な「行為」に基づいた「政治」を重視する。こうした「行為」の能力は、人間の「出生性」という「存在論的」な基盤に基づいているとアレントは述べ、人間の「出生性」や「誕生」に関する議論の観点から「行為」を通して「始まり」がもたらされるプロセスについて説明する。こうした、「行為」における「非主権性」に着目したとき、アレントの議論に依拠して子どもと政治の関係性について論じた「政治的子ども」論には一定の修正が課されることになる。非主権的な性格を有する「行為」は、その性格がゆえに誰も統制を利かすことができない。そのため、大人が子どもを「政治」的に利用することは不可能となる。それと同時に、子どもが起こしうる「行為」は、大人が操ることも止めることもできない。子どもが起こしうる「行為」は非主権的であるがゆえに大人は望むことができないのである。もし、子どもが「行為」を起こすのであれば、それは彼らの「自発性」に委ねられなければならない。この非主権的な「行為」は、これまでの章で確認してきたアレントが教育論の中で述べる「準備」の形をとる先に見込まれるのである。この「準備」から先の話は子どもが有する「自発性」に委ねられることになる。子どもが起こしうる「行為」は、期待せずに待つことが求められる。この「準備」の先に、非主権的な「行為」がもたらす新たな「始まり」は見込まれることになる。アレント教育論では、こうした「準備」の所までを担うという徹底的な「保守主義」を求める。このようなアレントの「保守的」な教育論の中に、大人による子どもの政治利用を避けた子どもと政治の新たな関係性としての〈子どもの政治〉を見出すことができる。以上の議論に、「主権」を棄却して「非主権性」に基づくアレントの「保守的」な教育論から導かれる「政治」教育についての構想を確認することができるのである。

第五章では、このアレントの「保守的」な教育論から導かれる「政治」教育を担う教師の姿を描き出すために、かつての教え子からみた教師アレントと「教育の危機」における「教師の資格」と「教師の権威」に関する議論に焦点を当てた。かつての教え子であるジェローム・コーンとエリザベス・ヤング＝ブルーエルからみた教師アレントは、「「思考」を理論化することとその〔「思考」〕の成果として述べられる理論」の間の区別を明確にしていた。コーン（とヤング＝ブルーエル）は、この区別が「自発性」にとって重要であるとアレントは考えていたと述べていた。このことから明らかになるのは、アレントが「思考」を通じて何らかの「理論」を作ったかもしれないが、彼女はそれに縛られることなくさらに「思考」を続けたということである。ここに、「自発性」を極めて重要なものとして扱う教師アレントの姿を確認することができる。ただし、この姿は、コーン（とヤング＝ブルーエル）からみた教師アレントに過ぎないということを忘れてはならない。そこで、こうした議論を念頭に置きつつ、アレントが「教育の危機」で展開する「教師の資格」と「教師の権威」について、「自発性」をめぐる議論の観点から検討し、彼女が教師についていかなる考えを持っていたのかということについて考察を試みた。「教師の資格」において、教師が知り、伝えることができる「世界」――大人たちが思い描く計画通りの黒人と白人の統合問題が解決した「新しい世界」と区別される――は、「自発性」が駆動する「行為」と「制作」によって構成されてきたものである。教師はこの「世界」を子どもに伝えるとき、彼らの「自発性」の保持につとめることが求められる。「教育の危機」における「教師の資格」に関する議論は、「自発性」の保持につとめるという観点から理解する必要がある。その上で、教師が子どもの「自発性」の保持につとめた先に彼らが起こしてしまう「行為」に対する応答責任を果たすとき、そこには「教師の権威」が生じる。アレントは、「教師の権威」

が「世界への責任を引き受ける」ときに生じると述べていたが、これまで確認してきたように「世界」は、「制作」と相互往還的で不可分な関係にある「行為」が連続することによってつねに刷新され続ける。「教師の権威」は、このように「行為」を通じて刷新され続ける「世界への責任を引き受ける」点に生じるのであり、ここに、人々が起こしてしまう「行為」に応答責任を果たす教師の姿を確認することができる。こうした「教師の資格」と「教師の権威」に関する議論を踏まえたとき、教師は、子どもの「自発性」の保持につとめることを通じて、その先に彼らが「行為」を起こす手前の所までの「準備」に取り組み、彼らがその「自発性」に基づいて起こしてしまう「行為」に対して応答責任を果たすことが求められる。ここに、「保守」と「革命」を結びつけて論じるアレント教育論から導かれる「政治」教育を担う教師の姿を描くことが可能になるのである。

補章では、第五章までの議論を補うことを目指してアレントの「政治」的道徳論に焦点を当てた。とりわけ、従来の教育学におけるアレント受容で指摘されてきた「思考」と本書が明らかにした「行為」の重要性を踏まえつつ、彼女がそれらの関係性をどのように考えているのかということを明らかにするために彼女の「政治」的道徳論の検討を行った。人間は、「思考」を通じて「誰であるか」という「人格的アイデンティティ」を生じさせる。この「人格的アイデンティティ」は「行為」を通じて、他者に開示される。このことから、「思考」と「行為」は、往還的な関係のもとに置かれる。アレントは、この往還的な関係にある「思考」と「行為」を行う人間が「悪」をなすことから離れると考え、こうした議論に基づいて「悪の凡庸さ」に陥らない「道徳性」を論じていた。こうした「思考」と「行為」の往還的な関係性からアレントの「保守的」な教育論を眺めたとき、教育は大人が子どもを政治利用の対象とするものとは異なる子どもと政治の関係性――〈子どもの政治〉――のもとで行われる必要がある。教育は、〈子どもの政治〉のもとで、「誰であるか」という「人格的アイデンティティ」の構成と開示に向かう「思考」と「行為」という往還的な営みを可能とすることが求められる。ここに、アレントの「保守的」な教育論と「政治」的道徳論から導かれる道徳教育への示唆を確認することができた。

以上が本書を通じて取り組んできた内容の概略である。ここで、やや繰り返しとなるが、改めて本書が設定した二つの課題に対して、それぞれの章の議論からいかなる応答を果たしてきたのかについて確認する。

本書が掲げた二つの課題に対する応答

一つ目の課題――アレントの批判する近代教育、とりわけ、「進歩主義教育」とは異なる、「保守」と「革命」を結び付けて論じる彼女の独自な教育論の内実を明らかにする――に対する応答は、本書の主に前半部の内容から確認することができる。生まれることの「良さ」を前提にしないアレントは、これまでの教育とは異なる新たな教育を思考する。その新たな教育を思考する際に対抗軸に置かれるのが、近代教育、とりわけ、「進歩主義教育」であった。アレントが思考する新たな教育と彼女の批判する「進歩主義教育」は、「非自然的」な性格を有する「自発性」の扱いをめぐって差異化される。この新たな教育は、「世界」の刷新をもたらす「行為」と「制作」を駆動する力としての「自発性」を保持する「保守的」な営みであるとアレントは考えていた。このアレントの論じる新たな教育における「保守主義」は、彼女の論じる「革命」と不可分な重なりを持つ。アレントは、「アメリカ革命」について論じることを通じて、「行為」を繰り返していくことがメンテナンスとしての「保守的」な配慮となることに着目し、「保守」と「革命」の間につながりを見出していた。これまでの教育学におけるアレント研究では、「思考」が彼女の教育論において重要な役割を果たすことが指摘されてきた。それに対して、「保守」と「革命」のつながりを検討してきた本書の取り組みからは、こうした先行研究の議論をアップデートし、アレント教育論における「行為」の重要性が示される。ここに、ゴードンが述べる「主流の保守派」における「保守」とアレントの論じる「保守」の違いをより鮮明な形で理解することができる。以上の取り組みにより、アレント教育論における独自の「保守主義」の内実が明らかになるのである。

二つ目の課題——一つ目の課題に取り組むことで明らかとなるアレント教育論から導かれる「政治」教育について構想を試みる——に対する応答は、本書の主に後半部の内容から確認することができる。アレントの「保守的」な教育論に着目するとき、彼女が述べていた大人による子どもの政治利用の問題を無視することはできない。この問題と向き合うための手がかりとなるのが、「行為」が有する非主権的な性格であった。この「行為」における「非主権性」は、大人が子どもを政治利用の対象とする子どもと政治の関係性とは異なる子どもと政治の関係性としての〈子どもの政治〉を拓く。子どもが起こしうる「行為」は、大人が操ることも止めることもできない。そもそも、この「行為」は、子どもの「自発性」に委ねられる。そのため、アレントの論じる「保守的」な教育では、子どもが「行為」を起こす手前までの「準備」の役割を課される。こうした「準備」を担うという意味において、アレント教育論は徹底的な「保守主義」を採る。ここに、大人による子どもの政治利用を避けた子どもと政治の新たな関係性としての〈子どもの政治〉が拓かれる。この関係性は、「複数性」と相容れない「主権」を斥け、「複数性」から導かれる「非主権性」を前提にする。この前提に基づくとき、「行為」における「非主権性」に基づく「政治」教育の構想が示される。この「政治」教育を担う教師は、子どもの「自発性」の保持につとめることを通じて、彼らが「行為」を起こす手前の所までの「準備」に取り組み、子どもがその「自発性」に基づいて起こしてしまう「行為」に対して応答責任を果たすことが求められるのである。アレント教育論から導かれる「政治」教育では、子どもが起こしうる「行為」に対する前後での対応が鍵を握る。

教育に関わる事柄についてのアレントの仕事は必ずしも多いとは言えない。しかし、本書の取り組みから明らかなようにアレントは、「政治」を土台にして近代教育、とりわけ、「進歩主義教育」とは異なる独自の「保守的」な教育を思考していた。こうしたアレントの「保守的」な教育論からは、独自の「政治」教育の構想が示される。ただし、この「政治」教育の構想が、教育に関わる子どもや大人を縛るような「理論」として理解されることは避けなくてはならない。たしかに、この「政治」教育の構想は「理論」となるかもしれないが、アレントのかつての教え子であるジェローム・コーンとエリザベス・ヤング＝ブルーエルのやり取りを想い起すのであれば［cf. Young-Bruehl and Kohn 2001: 230］、それは教育について大人や子どもを考えさせる限りにおいてのみ有効なものとなるだろう。このようにアレント教育論やそれから導かれる「政治」教育の構想を理解するとき、「政治理論家」ハンナ・アレントを一人の「教育理論家」として再解釈していく余地が顕わになるのである。

第二節　本書の意義と残された課題

アレントを一人の「教育理論家」として再解釈することに取り組んできた本書には、教育学におけるアレント研究に対する、主権者教育やシティズンシップ教育に関わる研究に対する、そして、戦後日本における教育学が課題としてきた教育と政治をめぐる問題圏に関わる研究に対する、という大きく三点の意義を確認することができるだろう。以下では、それぞれについて確認していきたい。

教育学におけるアレント研究に対して

アレントを一人の「教育理論家」として再解釈するという本書の取り組みは、彼女の論じる「政治」を軸にして彼女の教育論を理解していくという方法を採用した。こうした本書の取り組みにより、アレントの論じる「政治」に関わる議論と彼女の教育論を整合的に読み解くことが可能となった。序章で確認してきたようにこれまでの先行研究では、アレントの「政治」に関する議論と彼女の教育論の間に埋めがたいギャップをみていた。アレントが「保守」と「革命」を結びつけているロジックの解明に取り組んだ本書は、このギャップを埋める役割を果たす。このことを通じて本書では、「政治理論家」の思考を「教育理論」として位置づけた――各章の具体的な教育学におけるアレント研究に対する貢献の詳細は前節で述べてきた通りである。本書は、全体の取り組みを通じてこのようにアレントの「教育理論」を体系的なものとして示すことに注力してきた。ここに、教育学におけるアレント研究（および、アレント研究）に対する本書の意義を確認することができるのである。

主権者教育やシティズンシップ教育に対して

このように本書を通じて示されたアレントの「保守的」な教育論から導かれる「政治」教育は、第四章でも少し述べたように主権者教育を批判的に検討するポテンシャルを有する。改めて、第三章と第四章を中心としつつ本書全体の議論を振り返ると、「主権」・ルソー・「単数の人間」という関係性と「非主権性」・アレント・「複数の人間」という関係性が対抗図式に置かれることになる。序章以降の検討から明らかなように、アレントは単数であることを否定し、複数であるということに対して一貫したこだわりを持っていた。その背景には、「単数の人間」と結びつく「全体主義」、および、「複数の人間」と結びつく「政治」という対抗図式がある。「地球に生きる人の掟」としての「複数性」を措定するとき［LMT: 19=23f.］、アレントは「複数の人間」と結びつく「政治」に基づいて議論を構成する。このアレントの論じる「政治」においては、「複数の人間」がアクターとなるため、誰も「唯一神」のような絶対的な一者として「主権」を行使することはできない。人々が「行為」をするとき、それは誰かの統制下に置かれることはなく、誰しもが予想もしえない帰結をもたらす。ここに、アレントは「自由（freedom）」を見出し、新たな「始まり」がもたらされると考えるのであった。このように、アレントの論じる「複数の人間」を前提にしたとき、「主権」は棄却されなければならない。アレントの議論を念頭に置きつつ、私たちは複数で存在しているということを前提にしたとき、「主権」概念は見直しを迫られることになるのかもしれない。

第四章でも確認したように、近年、主権者教育に関わる研究領域は隆盛を極めていると言えるだろう。[1]しかし、この状況は、日本独自のものとして理解する必要がある。というのも、この主権者教育という言葉は、世界中を見渡しても日本以外に使用していることを確認することができないからである［cf. 荒井ら 2023: 2］。世界では、主権者教育に類似した言葉として「シティズンシップ（市民性）教育」や「民主主義教育」が使われていると指摘されている［荒井ら 2023: 2］。もちろん、日本においても主権者教育という言葉以外が使われていない訳ではない。たとえば、本書でも度々取り上げてきた小玉重夫がアレントの議論に依拠しつつシティズンシップ教育の重要性を提起していることは序章でも確認してきた通りである［cf. 小玉 2003］。これらのことは、日本において主権者教育とシティズンシップ教育が重なりを持つものとして理解されていることを示していると言える。こうした傾向は、政策文書から学術的な研究までをレビューして主権者教育とシティズンシップ教育の関係性について整理した蒔田純の研究からも確認することができる。蒔田は、「「主権者教育」は定義上、「シティズンシップ教育」の一部分を構成するものであり、後者が広く社会との責任あるかかわり方を育む目的を持つ教育全般を指すのに対し、前者はその中でも特に政治との関係性に着目したものである」と述べている［蒔田 2019：2］。

アレントの「主権」批判に着目するとき、主権者教育はそれが依拠している「主権」概念を筆頭に問い直しの対象になりうる。そして、このことは、主権者教育を包含する関係にあるとされるシティズンシップ教育に対しても波及するように思われる。あるいは、これまでの先行研究が包含関係にあると捉えていた、主権者教育とシティズンシップ教育は緊張関係のもとで把握されることが求められるのかもしれない。それぞれがさまざまな差異を有する人間が複数で生きているということを前提にするとき、アレントの論じる「政治」からは学ぶことが多い。ここに、本書が明らかにした「複数の人間」と結びつく「非主権性」を前提にした「政治」教育の構想の意義を確認することができるのである。本書が示した「非主権性」を前提に据える「政治」教育は、主権者教育を批判的に検討していく際に前哨の役割を担う。

教育と政治をめぐる問題圏に対して

こうした本書の議論は、さらに戦後日本における教育学の中で一つの重要な課題として位置づけられてきた教育と政治をめぐる問題圏にも寄与することが見込まれる。本書でも度々取り上げた小玉は、この問題に向き合ってきた代表的な論者として位置づけることができる［cf. 小玉 2016］。以下では、小玉が整理した図式にしたがいつつ、戦後から今日にいたるまでの教育と政治をめぐる問題の内の一つを把握したい。

たとえば、一九五四年の旭丘中学校事件では、政治的主体としての子どもの姿を確認することができたと言われている［森田 1997：241］。全国生活指導研究協議会や高校生活指導研究協議会の理論的支柱を担った竹内常一は、一九五〇年前後の自身の学校生活における自らの政治的な活動を振り返っている［竹内 1995：IVff.］。これらのことからみえてくるのは、一九五〇年代の子どもが政治的主体として政治に積極的に関与していたということである。しかし、こうした政治的主体としての子どもには、大人の政治の道具として、つまり、政治的動員の対象としての側面も同時にあったことは見過ごすことができない。小玉は、旭丘中学校の教師達の行動が「学校外の政治的実践への生徒の動員という形をとった」と述べている［小玉 2001a: 232］。時代が進むにつれ、このように子どもを政治的主体として把握する捉え方は衰退していく。そして、一九六〇年代以降になると、「政治的子ども・青年把握に代わる、新しい子ども・青年のとらえ方が生み出され」るようになり［小玉 2016: 9］、「教育の脱政治化」が促進されていった、と小玉は述べる［小玉 2016: 5］。しかし、近年では、一八歳選挙権や一八歳成人の導入にともなって、先に確認してきた主権者教育やシティズンシップ教育という観点からのアプローチが積極的に展開されている。こうした状況を踏まえて小玉は、「教育の再政治化」を主張する［小玉 2016］。

本書が明らかにした大人の政治利用の対象とは異なる子どもと政治の関係性としての〈子どもの政治〉は、こうした「教育の再政治化」において重要な視点を提供することが見込まれる。本書の検討から導かれる「政治」教育は、戦後日本における子どもと政治の関係性とは異なる新たな関係性のもとで行われる可能性を拓く。そして、その「政治」教育を担う教師は、旭丘中学校の教師たちとは異なる、新たな姿として子どもたちの前に立ち現れることが求められる。ここに、戦後日本における教育と政治をめぐる問題圏に対する本書の貢献を確認することができるのである。

残された三つの課題

このような意義を持つ本書には、いくつかの課題も残されている。最後にそれらについて述べて本書を結ぶことにする。

一つ目は、アレントの論じる「非自然的」な「自発性」がいかなる議論を経て成立した概念なのか、という課題である。アレントの論じる「自発性」の背景には、イマヌエル・カントの「自発性」に関する議論が透けてみえる［cf. DTB1: III［21］, S. 68=97］。このことから次の二つの重要な課題が提起される。一つは、アレントの近代（教育）批判と彼女におけるカントの「自発性」受容のつながりの検討であり、もう一つは彼女の議論と近代教育における自発性をめぐる言説との差異を明確にすることである。これらの二つの課題は、もちろん、本書の射程を大きく超える課題になるが、本書をより豊かなものとしていく上で欠かすことのできないものとして位置づけられるだろう。

二つ目は、本書の議論を通じて提起された主権者教育における「主権」概念、および、「主権者」概念の批判的検討である。もちろん、ボダンにさかのぼってこれらについて検討することは欠くことのできない重要なものとなる。それとの関わりで本書が明らかにしたことから導かれる課題は、アレントの「主権」批判の思想的背景の解明である。第四章で確認してきたように、アレントの「主権」批判は、「行為」に関わる議論が要となる。この「行為」に関わる議論の背景には、アイルランド生まれの政治思想家エドマンド・バークを確認することができる。実際、アレントは、いたる所で好んでバークのact in concertという言葉を引用している［cf. OR; DTB1］。バークと言われたときに私たちが想い起すのは、彼の「保守主義」に関わる議論である。というのも、「保守主義」は、さかのぼると「反革命の闘士」として位置づけられるバークに行き着くからである［宇野 2016: 8ff.］。宇野重規によれば、バークの「保守主義」は、「少なくとも、①保守すべきは具体的な制度や慣習であり、②そのような制度や慣習は歴史のなかで培われたものであることを忘れてはならず、さらに、③大切なのは自由を維持することであり、④民主化を前提にしつつ、秩序ある漸進的改革が目指される」という点を踏まえる必要がある［宇野 2016: 13］。アレントの「主権」批判や「行為」、「保守主義」について思考を深めるとき、こうしたバークの議論の観点からの検討は重要な課題となるように思われる。

三つ目は、本書が明らかにしたアレントの「保守的」な教育論、あるいは、「政治」教育の具体的なイメージや実践はいかにして考えることができるのか、という課題である。たとえば、そうしたものは、補章で検討した道徳教育の中にみることができるのかもしれない。このことと関わって、主権者教育を批判した先に見据えられる「政治」教育とシティズンシップ教育の関係性についても問われなければならないだろう。一八歳選挙権や一八歳成人が導入された今日において、本書が明らかにした「政治」教育の構想が、いかなる実践の姿としてみえてくるのかということの検討は重要な課題となる。

こうした三つの課題への応答は今後じっくりと取り組むことにしたい。

註

（1）二〇一七（平成二九）年三月に告示された小学校、および、中学校の学習指導要領では「第一章　総則」「第二　教育課程の編成」「二　教科等横断的な視点に立った資質・能力の育成」の（二）、翌二〇一八（平成三〇）年三月に告示された高等学校学習指導要領では「第一章　総則」「第二款　教育課程の編成」「二　教科横断的な視点に立った資質・能力の育成」の（二）では、「豊かな人生の実現や災害等を乗り越えて次代の社会を形成することに向けた現代的な諸課題に対応して求められる資質・能力を、教科横断的な視点で育成していく」ことの重要性が謳われている［文部科学省 2018a: 19; 2018b: 21; 2019a: 20］。ここにおける「現代的な諸課題に対応して求められる資質・能力」として、二〇一六（平成二八）年一二月の中央教育審議会の答申「幼稚園、小学校、中学校、高等学校及び特別支援学校の学習指導要領等の改善及び必要な方策等について」の中で「主権者として求められる力」が挙げられていた［中央教育審議会 2016a: 41］。この答申の別紙に「主権者として必要な力を育む教育のイメージ」と題して、幼児教育から高等学校までにおける各教科等（生活科、社会科、地歴科、公民科、家庭科、特別の教科　道徳、技術科、特別活動、総合的な学習／探究の時間）の取り組み例や家庭・地域と連携した主権者教育推進の重要性を指摘している［中央教育審議会 2016b: 25］。先に確認してきたことも踏まえるのであれば、主権者教育は研究に限らず、教育政策や学校教育も含めたあらゆる教育実践の観点からも推進されている現状がある。

あとがき

本書は、二〇二四年二月に東京大学より博士（教育学）の学位を授与された論文「「保守」と「革命」を結ぶハンナ・アレントの教育理論――主権者教育論批判への前哨」に大幅な加筆・修正を行ったものである。博士論文は、これまで発表してきたいくつかの研究を基にしている。いずれも程度の差はあるが、多くの加筆・修正を行っている。以下に、本書の初出を示しておく。

序　章　書き下ろし
第一章　「反出生主義をめぐる今日的状況に対して教育（学）は何ができるのか」日本教育学会『教育学研究』第九〇巻第二号、二〇二三年。
第二章　「ハンナ・アレントにおける「自発性」の教育思想――「世界」を刷新することと教育が「保守的」であることの間」日本教育学会『教育学研究』第八九巻第一号、二〇二二年。
第三章　「教育における「保守」の意味を再考する――ハンナ・アレントのルソー批判を手がかりに」日本教育学会第八二回大会、二〇二三年八月（発表原稿）。

第四章　「ハンナ・アレントの「行為」における非主権性――主権者教育を再考する手がかりとして」教育哲学会第六五回大会、二〇二二年一〇月（発表原稿）。
第五章　書き下ろし
補　章　「「特別の教科　道徳」におけるハンナ・アレント政治論の射程」日本教育学会第七九回大会、二〇二〇年八月（発表原稿）。
終　章　書き下ろし

博士論文の執筆・提出にあたっては、主査としてご指導をいただいた小玉重夫先生に大変お世話になった。そもそも、小玉先生との出会いなしに筆者が研究を始めることはなかっただろう。ここで少しだけ、個人的なことにはなるが、小玉先生との出会いを振り返りたい。

筆者が小玉先生とはじめてお会いしたのは母校の校長室であった。当時、中学校や高等学校の教員を目指していた筆者は、これまで自分が受けてきた教育と大学の教職課程で学ぶ教育の間のギャップに困惑していた――今となっては、筆者が思い描いていた教育に対するイメージがいかに狭いものであったかということを認識させてくれる出来事となった。この困惑を小玉先生に話したかどうかは定かではないが、大学院の進学についてご相談させていただく中で小玉先生は筆者にアレントの存在を教えてくださった。恥ずかしながら当時の筆者は、アレントのことは名前程度しか知らなかったため、とりあえず『人間の条件』を手に取ってみた。しかし、その内容は難解であり、当時は（今もかもしれないが）アレントが何を言おうとしているのかを理解することはできなかった。ただ、理由は分からないが筆者にとっては、なぜかアレントの文章が魅力的にみえた。そんなこともあり、筆者は、学部の卒業論文から博士論文にいたるまでアレント一筋の研究生活を送ってきた。

この「あとがき」の執筆にあたって改めて本書の内容を自分で振り返ると、本書で明らかにされたアレント独自の教育と彼女の批判する教育の対抗図式は、約一〇年前に筆者が抱いた困惑とパラレルな関係性にあるように思われる。十分な応答となっているかは分からないが、本書の取り組みは、筆者が約一〇年前に抱いた困惑に対する何らかの応答として位置づけられるのだろう――この困惑については、ここで詳論するつもりはないが、少しでもそれに対する応答の内実が読者の皆さまと共有できることを願うばかりである。閑話休題。小玉先生は、アレントとこうした筆者の問題関心をつないでくださり、筆者の研究に対してつねに親身なアドバイスをくださった。小玉先生の貴重なお時間を沢山頂戴してしまったが、本書を契機に今後返していきたいと思う。とにもかくにも、アレントと筆者を出会わせてくださり、そして、研究者への道を拓いてくださった小玉先生には格別の感謝を申し上げる。

博士論文の副査を務めてくださった田中智志先生、山名淳先生、勝野正章先生、一柳智紀先生には審査の労をいただいた。田中先生と山名先生には、日頃からお話させていただく機会も多く、研究内容はもちろんのこと、研究者としてのあり方も学ばせていただいた。とりわけ、山名先生には、山名先生が教育思想史学会の事務局長を務められた際に事務局幹事を拝命したこともあって、研究者としてのいろはを教えていただいた。博士論文の口述試験の際には、先生方から本質を突く鋭い質問をいくつもいただいたが、本書の取り組みが少しでもその問いに対する応答となることを願うばかりである。改めて審査の過程でいただいた様々なご指摘・ご助言に感謝申し上げる。

博士論文の副査ではないが、筆者が所属していた東京大学大学院教育学研究科総合教育科学専攻基礎教育学コース（現：教育学コース）の小国喜弘先生、隠岐さや香先生、片山勝茂先生、大塚類先生にも感謝申し上げる。そして、忘れてはならないのが、事務員を務めてくださっている小林さやか氏に対する感謝である。先生方や小林氏には研究だけに限らず様々な面で筆者を支えていただいた。

また、基礎教育学コースの先輩・同期・後輩の皆さまにも大変お世話になった。多くなりすぎるのでお名前を一人ひとり取り上げることはできないが、修士課程から博士課程までの間に大変多くのご助言・激励をいただいた。とりわけ、小玉ゼミの皆さまには本当にお世話になった。例外的にではあるが、小玉ゼミかつ教育学におけるアレント研究の先輩である田中智輝先生と村松灯先生のお名前を挙げさせていただきたい。お二人からはいつも学ぶことばかりで筆者のアレント研究に対しても鋭く、そして、的確なアドバイスを沢山いただいた。皆さまに深く感謝申し上げる。

それから岡田泰孝先生と神谷潤先生にも感謝申し上げる。先生方とは、筆者がはじめて行った学会発表以来のお付き合いになるが、先生方のお茶の水女子大学附属小学校における研究活動と教育実践からはいつもとても多くのことを学ばせていただいている。筆者は、先生方と関わらせていただく中で、学校現場に何らかの貢献ができる研究をしたいと強く考えるようになった。本書が、少しでも学校現場に何らかの貢献を果たすことを願うばかりである。

東洋学園大学に着任してからは同僚の先生方や事務職員の皆さまの支えと励ましに心から助けられている。とりわけ、着任一年目に共同研究室でご一緒させていただいた安藤拓生先生からは大学教員としてのいろはを教えていただいた。安藤先生とコーヒーを飲みながら過ごした共同研究室での時間は、筆者の研究をより一層深化させるとても重要なものであった。筆者の研究に刺激を与えてくれる学生も含めて東洋学園大学の皆さまにも深く感謝申し上げる。

学部時代の指導教員でもある酒井潔先生にも深く感謝申し上げる。酒井先生からは学問研究への向かい方を学ばせていただいた。筆者の研究は、今でもその時に学んだことがベースになっている。

この他にも、非常に多くの方々にお世話になった。あまりにも多すぎるのでお名前を一人ひとり挙げることはできないが、ご助言・激励をいただいた皆さまに感謝申し上げる。

最後になるが、両親には特別の感謝を伝えたい。両親は、筆者が小さい頃からやりたいと言ったことを親身になって全力で支え続けてくれた。本書の完成は、そうした両親の支えなくしてはできなかった。父ちゃん、母ちゃんいつもあたたかく見守ってくれて本当にありがとう。

＊

本書の研究成果の一部は、日本学術振興会科研費 研究活動スタート支援（23K18950）、特別研究員奨励費（22J12264 / 22KJ0848）、公益財団法人上廣倫理財団 令和二年度研究助成、令和三年度研究助成（継続）、および、公益財団法人博報堂教育財団 第一五回（二〇二〇年度）児童教育実践についての研究助成を受けた。こうした研究助成に加えて、大学院での研究・学業にあたっては、公益財団法人旭硝子財団 日本人奨学プログラムからの支援も受けた。また、本書は、学校法人東洋学園 科研費インセンティブ制度 研究成果出版助成金を受けて出版される。本書の出版に向けて動いてくださったすべての関係者に深く感謝申し上げたい。とりわけ、勁草書房の藤尾やしお氏のお力添えには感謝の言葉が尽きない。改めて心から感謝申し上げたい。

二〇二四年一〇月

樋口　大夢

人名索引

ア行

カ行

サ行

タ行

事項索引

ア行

カ行

サ行

タ行

ナ行

ハ行

マ行

ラ行

参考文献

[一次文献]

※ハンナ・アレント（Hannah Arendt）の文献からの引用・参照は本書の冒頭に示した凡例の通り、以下の略号にしたがい、その後に原著の頁数、邦訳書の頁数を記した。引用文は適宜改訳した。

著作および論文（略号のアルファベット順）

CE＝“The Crisis in Education”, in *Between Past and Future: Eight Exercises in Political Thought*, Kohn, J. (intro.), Penguin Books, 2006, pp. 170-193.〔「教育の危機」『過去と未来の間』引田隆也・齋藤純一訳、みすず書房、1994 年、233-264 頁。〕

EC＝“The Ex-Communists”, in *The Commonweal*, Vol. 57, No. 24, 1953, pp. 595-599.

EJ＝*Eichmann in Jerusalem: A report on the Banality of Evil* (revised and enlarged edition), Penguin Books, 2006.〔『新版 エルサレムのアイヒマン――悪の陳腐さについての報告』大久保和郎訳、みすず書房、2017 年。〕

HC＝*The Human Condition* (second edition), Canovan, M. (intro.), The University of Chicago, 1998 [1958].〔『人間の条件』志水速雄訳、筑摩書房、1994 年。〕

IT＝“Ideology and Terror: A Novel Form of Government”, in *The Review of Politics*, Vol. 15, No. 3, 1953, pp. 303-327.

ITCS＝“The Ivory Tower of Common Sense”, in *Essays in Understanding 1930-1954: Formation, Exile, and Totalitarianism*, Kohn, J. (ed.), Schocken Books, 1994, 194-196.〔「コモン・センスの象牙の塔」『アーレント政治思想集成 1――組織的な罪と普遍的な責任』齋藤純一・山田正行・矢野久美子訳、みすず書房、2002 年、264-267 頁。〕

JW＝*The Jewish Writings*, Kohn, J. and Feldman, R. H. (ed.), Schocken Books, 2007.〔『アイヒマン論争――ユダヤ論集 2』齋藤純一・山田正行・金慧・矢野久美子・大島かおり訳、みすず書房、2013 年。〕

KMT＝“Karl Marx and the Tradition of Political Thought: Gauss

Material Part I. Drafts", in *The Modern Challenge to Tradition: Fragmente eines Buchs* (Complete Works. Critical Edition Vol. 6), Hahn, B. and McFarland, J. (eds.), with the support of Kieslich, I. and Nordmann, I., Wallstein, 2018, pp. 330-372.〔『カール・マルクスと西欧政治思想の伝統』佐藤和夫編、アーレント研究会訳、大月書店、2002 年。〕

LMT／LMW＝*The Life of the Mind*, Harcourt Brace Jovanovich, 1978.〔『精神の生活』上／下、佐藤和夫訳、岩波書店、1994 年。〕

MD＝*Men in Dark Times*, Harcourt Brace Jovanovich, 1968.〔『暗い時代の人々』阿部斉訳、河出書房新社、1995 年。〕

OH＝"On Hannah Arendt", in *Hannah Arendt: the Recovery of Public World*, Hill. M. A. (ed.), St. Martin's Press, 1979, pp. 301-339.

OR＝*On Revolution*, Faber & Faber, 2016 [1963].〔『革命について』志水速雄訳、筑摩書房、1995 年。〕

OT1＝*The Origins of Totalitarianism* (first edition), Harcourt Brace and Company, 1951.

OT2＝ *The Origins of Totalitarianism* (second enlarged edition), The World Publishing Company, 1958.

P＝"Preface: The Gap Between Past and Future", in *Between Past and Future: Eight Exercises in Political Thought*, Kohn, J. (intro.), Penguin Books, 2006, pp. 3-15.〔「序　過去と未来の裂け目」『過去と未来の間』引田隆也・齋藤純一訳、みすず書房、1994 年、1-18 頁。〕

RL＝"Reflection on Little Rock", in *Responsibility and Judgement*, Kohn, J. (ed. & intro.), Schocken Books, 2003, pp. 193-213.〔「リトルロックの省察」『責任と判断』中山元訳、岩波書店、2016 年、358-393 頁。〕

RLinD＝"Reflection on Little Rock", in *Dissent*, Vol. 6, No. 1, 1958, pp. 45-56.

SQMP＝"Some Questions of Moral Philosophy", in *Responsibility and Judgement*, Kohn, J. (ed. & intro.), Schocken Books, 2003, pp. 49-146.〔「道徳哲学のいくつかの問題」『責任と判断』中山元訳、筑摩書房、2016 年、83-254 頁。〕

TI＝"Totalitarian Imperialism: Reflections on the Hungarian

Revolution", in *The Journal of Politics*, Vol. 20, No. 1, 1958, pp. 5-43.

TMC＝"Thinking and Moral Considerations", in *Responsibility and Judgement*, Kohn, J. (ed. & intro.), Schocken Books, 2003, pp. 159-189.〔「思考と道徳の問題――W・H・オーデンに捧げる」『責任と判断』中山元訳、筑摩書房、2016年、295-353頁。〕

WB＝"Walter Benjamin: 1892-1940", in *Men in Dark Times*, Harcourt Brace Jovanovich, 1968 [1955].〔「ヴァルター・ベンヤミン 1892-1940」『暗い時代の人々』阿部斉訳、河出書房新社、1995年。〕

WF＝"What Is Freedom?", in *Between Past and Future: Eight Exercises in Political Thought*, Kohn, J. (intro.), Penguin Books, 2006, pp. 142-169.〔「自由とは何か」『過去と未来の間』引田隆也・齋藤純一訳、みすず書房、1994年、193-232頁。〕

WP＝*Was ist Politik? Fragmente aus dem Nachlaß,* Ludz, U. (Hrsg.), Piper, 2003 [1993].〔『政治とは何か』佐藤和夫訳、岩波書店、2004年。〕

WR＝""What Remains? The Language Remains": A Conversation with Günter Gaus", in *Essays in Understanding 1930-1954: Formation, Exile, and Totalitarianism*, Kohn, J. (ed.), Schocken Books, 1994, pp. 1-23.〔「何が残った？　母語が残った――ギュンター・ガウスとの対話」『アーレント政治思想集成1――組織的な罪と普遍的な責任』齋藤純一・山田正行・矢野久美子訳、みすず書房、2002年、1-35頁。〕

思索記録

DTB1＝*Denktagebuch 1950 bis 1973: Erster Band;* Ludz, U. und Nordmann, I. (Hrsg.), PiperVerlag, 2016.〔『思索日記Ⅰ 1950-1953』青木隆嘉訳、法政大学出版局、2006年。〕

書簡

AJB＝*Hannah Arendt Karl Jaspers Briefwechsel 1926-1969*, Köhler, L. und Saner, H. (Hrsg.), Piper, 1985.〔『アーレント＝ヤスパース往復書簡 1926-1969 1』大島かおり訳、みすず書房、2004年。〕

[二次文献]

※引用文は、邦訳書があるものは参考にし、適宜改訳した。

アガンベン，ジョルジョ『ホモ・サケル――主権権力と剝き出しの生』高桑和己訳、以分社、2003年。

荒井文昭・大津尚志・古田雄一・宮下与兵衛・柳澤良明『世界に学ぶ主権者教育の最前線――生徒参加が拓く民主主義の学び』学事出版株式会社、2023年。

浅井健介「世界疎外の時代における公共性――アーレントから問う近代教育のアポリア」『教育学研究』第91巻第2号、2024年、170-182頁。

芦部信喜『憲法（第7版）』高橋和之補訂、岩波書店、2019年。

アウグスティヌス，アウレリウス『神の国（三）』服部英次郎訳、岩波書店、1983年。

Benatar, D. *Better Never to Have Been: The Harm of Coming into Existence*, Oxford University Press, 2006.〔『生まれてこないほうが良かった――存在してしまうことの害悪』小島和男・田村宜義訳、すずさわ書店、2017年。〕

Benatar, D. *The Human Predicament: A Candid Guide to Life's Biggest Questions*, Oxford University Press, 2017.

ベネター，ディヴィッド「考え得るすべての害悪――反出生主義への更なる擁護」『現代思想』第47巻第14号、小島和男訳、青土社、2019年、40-83頁。

Berkowitz, R., Katz, J., and Keenan, T.（eds.）*Thinking in Dark Times: Hannah Arendt on Ethics and Politics*, Fordham University Press, 2010.

Bernstein, R. *Why Read Hannah Arendt Now*, Polity, 2018.

Biesta, G. J. J. *Beyond Learning: Democratic Education for a Human Future*, Paradigm Publishers, 2006.〔『学習を超えて――人間的未来へのデモクラティックな教育』田中智志・小玉重夫監訳、東京大学出版会、2021年。〕

Biesta, G. J. J. *Good Education in an Age of Measurement: Ethics, Politics, Democracy*, Paradigm Publishers, 2010.〔『よい教育とは何か――倫理・政治・民主主義』藤井啓之・玉木博章訳、白澤社、2016年。〕

Biesta, G. J. J. *The Beautiful Risk of Education*, Paradigm Publishers, 2013.

ボダン，ジャン「国家論（抄）」平野隆文訳『フランス・ルネサンス文学集　1――学問と信仰と』宮下志朗・伊藤進・平野隆文編訳、白水社、2015年、169-204頁。

Boonin, D. "Better to Be", *South African Journal of Philosophy*, Vol. 31, No. 1, 2012, pp. 10-25.

Borren, M. "13 Hannah Arendt: *Plural Agency, Political Power, and Spontaneity", in The Routledge Handbook of Phenomenology of Agency*, Erhard, C. and Keiling, T. (eds.), Routledge, 2021, pp. 158-174.

Bowen-Moore, P. "Natality, *Amor Mundi* and Nuclearism in the Thought of Hannah Arendt", in *Amor Mundi*, Bernauer J. W. (ed.), Martinus Nijhoff Publishers, 1987, pp. 135-156.

ブライドッティ，ロージ『ポストヒューマン――新しい人文学に向けて』フィルムアート社、2019年。

Canovan, M. *Hannah Arendt: A Reinterpretation of her Political Thought*, Cambridge University Press, 1992.〔『アレント政治思想の再解釈』寺島俊穂・伊藤洋典訳、未來社、2004年。〕

中央教育審議会「幼稚園、小学校、中学校、高等学校及び特別支援学校の学習指導要領等の改善及び必要な方策等について（答申）」2016a年

中央教育審議会「幼稚園、小学校、中学校、高等学校及び特別支援学校の学習指導要領等の改善及び必要な方策等について（答申）　別紙5」2016b年。

Crick, B. *Essays on Citizenship*, Continuum, 2000.〔『シティズンシップ教育論』関口正司監訳、法政大学出版局、2011年。〕

Curtis, K. "Multicultural Education and Arendtian Conservatism: On Memory, Historical Injury, and Our Sense of the Common", in *Hannah Arendt and Education: Renewing Our Common World*, Gordon, M. (ed.), Westview Press, 2001, pp. 127-152.

Duarte, E. "The Eclipse of Thinking An Aredtian Critique of Cooperative Learning", in *Hannah Arendt and Education: Renewing Our Common World*, Gordon, M. (ed.), Westview Press, 2001, pp. 201-223.

Elshtain, J. B. "Political Children", in *Feminist Interpretations of*

Hannah Arendt, Honig, B. (ed.), The Pennsylvania State University Press, 1995, pp. 263-283.

Euben, P. "Hannah Arendt on Politicizing the University and other Clichés", in *Hannah Arendt and Education: Renewing Our Common World*, Gordon, M. (ed.), Westview Press, 2001, pp. 175-199.

Gunter, H. M. *Educational Leadership and Hannah Arendt*, Routledge, 2014.〔『教育のリーダーシップとハンナ・アーレント』末松裕基・生澤繁樹・橋本憲幸訳、春風社、2020年。〕

Gordon, H. "Learning to Think: Arendt on Education for Democracy", *The Educational Forum*, Vol. 53, No. 1, 1998, pp. 49-62.

Gordon, M. "Introduction", in *Hannah Arendt and Education: Renewing Our Common World*, Gordon, M. (ed.), Westview Press, 2001a, pp. 1-9.

Gordon, M. "Hannah Arendt on Authority: Conservatism in Education Reconsidered", in *Hannah Arendt and Education: Renewing Our Common World*, Gordon, M. (ed.), Westview Press, 2001b, pp. 37-65.

Gordon, M. "For the Love of Our Children: Hannah Arendt, the Limits of Freedom and the Role of Education in a Culture of Violence", *Educational Studies*, Vol. 51, No. 3, 2015, pp. 209-222.

ハルバースタム，ディヴィッド『ザ・フィフティーズ　下巻』金子宣子訳、新潮社、1997年。

長谷武久「H・アーレントのデューイ批判」『日本デューイ学会紀要』第39号、1998年、86-92頁。

橋爪大輝「活動／行為――それは語りなのか」『アーレント読本』日本アーレント研究会編、法政大学出版局、2020年、59-68頁。

橋爪大輝『アーレントの哲学――複数的な人間的生』みすず書房、2022年。

林大地『世界への信頼と希望、そして愛――アーレント『活動的生』から考える』みすず書房、2023年。

平井悠介「教育による公共性の創出――Amy Gutmannの「意識的社会再生産」概念を中心に」『近代教育フォーラム』第11巻、2002年、189-203頁。

池谷壽夫『〈教育〉からの離脱』青木書店、2000年。

今井康雄『反自然主義の教育思想――〈世界への導入〉に向けて』岩波書店、2022年。

井上弘貴『アメリカ保守主義の思想史』青土社、2020年。

井上達郎「子どもの「新生」を通じた「世界」の再生と持続――H・アレント「保守的」教育論の思想的含意」『立命館産業社会論集』第54巻第4号、2019年、67-86頁。

石田雅樹「ハンナ・アーレントにおける「政治」と「教育」――シティズンシップ教育の可能性と不可能性」『宮城教育大学紀要』第47巻、2012年、27-36頁。

石田雅樹「革命・権力・暴力――自由と合致する権力、自由のための革命」『アーレント読本』日本アーレント研究会編、法政大学出版局、2020年、95-102頁。

石田雅樹「ハンナ・アーレントにおける「教育的なるもの」――教育学的解釈の批判的検討を通じて」『宮城教育大学紀要』第58巻、2023年、1-12頁。

石神真悠子「ハンナ・アレントにおける"一人である"ことの多層性――政治的主体化へ向けて」『研究室紀要』第45号、2019年、71-80頁。

Jonas, H. *Das Prinzip Verantwortung: Versuch einer Ethik für die technologische Zivilisation*, Suhrkamp, 2003.〔『責任という原理――科学技術文明のための倫理学の試み』加藤尚武監訳、東信堂、2000年。〕

ヨナス，ハンス『ハンス・ヨナス「回想記」』盛永審一郎・木下喬・馬渕浩二・山本達訳、東信堂、2010年。

常時啓発事業のあり方等研究会『「常時啓発事業のあり方等研究会」最終報告書』2011年（https://www.soumu.go.jp/main_content/000141752.pdf　2024年8月30日最終閲覧）。

嘉戸一将『主権論史――ローマ法再発見から近代日本へ（岩波オンデマンドブックス）』岩波書店、2022年。

Kampowski, K. *Arendt, Augustine, and the New Beginning: The Action Theory and Moral Thought of Hannah Arendt in the Light of Her Dissertation on St. Augustine*, Wm. B. Eerdmans, 2008.

Kathryn, G. *Hannah Arendt and the Negro Question*, Indiana University Press, 2014.

川上英明「教育実践における真理の意味 ── アーレントによるハイデガー真理論の受容と批判を手がかりに」『東京大学大学院教育学研究科紀要』第 57 巻、2018 年、327-335 頁。

川崎修『ハンナ・アレントの政治理論 ── アレント論集Ⅰ』岩波書店、2010a 年。

川崎修『ハンナ・アレントと現代思想 ── アレント論集Ⅱ』岩波書店、2010b 年。

川崎修『ハンナ・アレント』講談社、2014 年。

木村浩則「アレント教育論における「保守」と「革新」── ハンナ・アレントの教育理解再考」『近代教育フォーラム』第 10 巻、2001 年、249-262 頁。

小玉重夫「「市民的公共性」の隘路を超えて ── フーコー、ベンヤミン、そしてアレントへ」『近代教育フォーラム』第 6 号、1997 年、99-105 頁。

小玉重夫『教育改革と公共性 ── ボウルズ = ギンタスからハンナ・アレントへ』東京大学出版、1999 年。

小玉重夫「社会的なるものと公共性なるものの間 ── 教師性の脱構築へ向けて」『近代教育フォーラム』第 10 巻、2001a 年、231-233 頁。

小玉重夫「始まりの喪失と近代 ── アレントにおける出生と教育」『ハンナ・アーレントを読む』情況出版編集部編、情況出版、2001b 年、153-163 頁。

小玉重夫『シティズンシップの教育思想』白澤社、2003 年。

小玉重夫『難民と市民の間で ── ハンナ・アレント『人間の条件』を読み直す』現代書館、2013 年。

小玉重夫『教育政治学を拓く ── 18 歳選挙権の時代を見すえて』勁草書房、2016 年。

小玉重夫・塩崎愛佳・水村桃花・樋口大夢「コロキウム 4 高校生が考える思想、哲学」『近代教育フォーラム』第 30 号、2021 年、138 頁。

駒村圭吾『主権者を疑う ── 統治の主役は誰なのか？』筑摩書房、2023 年。

小島和男「反─出生奨励主義と生の価値への不可知論」『現代思想』第 47 巻第 14 号、青土社、2019 年、84-93 頁。

小島和男・福若眞人・樋口大夢・田中智輝・村松灯「出生の可能性と暴力性 ── 出生主義と反出生主義のあいだで」『教育哲学研

究』第 123 号、2021 年、94-100 頁。
Lane, A. "Is Hannah Arendt a Multiculturalist?", in *Hannah Arendt and Education: Renewing Our Common World*, Gordon, M. (ed.), Westview Press, 2001, pp. 153-173.
Levinson, N. "The Paradox of Natality: Teaching in the Midst of Belatedness", in *Hannah Arendt and Education: Renewing Our Common World*, Gordon, M. (ed.), Westview Press, 2001, pp. 11-36.
Levinson, N. "A "More General Crisis": Hannah Arendt, World-Alienation, and the Challenges of Teaching for the World *As It Is*", in *Teachers College Record*, Vol. 112, No. 2, 2010, pp. 464-487.
Krimstein, K. *The Three Escapes of Hannah Arendt*, Bloomsbury Publishing, 2018.〔『ハンナ・アーレント、三つの逃亡』百木漠訳、みすず書房、2023 年。〕
Ludz, U. Zweiter Teil: Kommentar der Herausgeberin, in Arendt, H., *Was ist Politik? Fragmente aus dem Nachlaß*, Ludz, U. und Nordmann, I. (Hrsg.), PiperVerlag, 2016, S. 137-187.〔「第二部編者の標註」『政治とは何か』佐藤和夫訳、岩波書店、2004 年、117-158 頁。〕
前川玲子『亡命知識人たちのアメリカ』世界思想社、2014 年。
蒔田純『政治をいかに教えるか――知識と行動をつなぐ主権者教育』弘前大学出版会、2019 年。
三浦隆宏「世界のうちへと導き入れること――アーレント教育論をめぐって」『待兼山論叢哲学篇』第 41 号、2007 年、1-16 頁。
三浦隆宏『活動の奇跡――アーレント政治理論と哲学カフェ』法政大学出版局 2020a 年。
三浦隆宏「アイヒマン裁判――「悪の凡庸さ」は論駁されたか」『アーレント読本』日本アーレント研究会編、法政大学出版局、2020b 年、103-112 頁。
宮寺晃夫『教育の正義論――平等・公共性・統合』勁草書房、2014 年。
水山光春「シティズンシップの視点から見た道徳性の教育」『京都教育大学教育実践研究紀要』第 15 号、2015 年、43-51 頁。
百木漠『アーレントのマルクス――労働と全体主義』人文書院、2018 年。

百木漠・阿部里加「コラム12　アーレント研究センター」『アーレント読本』日本アーレント研究会編、法政大学出版局、2020年、310-312頁。

文部科学省『小学校学習指導要領（平成29年告示）』東洋館出版社、2018a年。

文部科学省『中学校学習指導要領（平成29年告示）』東山書房、2018b年。

文部科学省『中学校学習指導要領（平成29年告示）　解説　特別の教科　道徳編』教育出版、2018c年。

文部科学省『高等学校学習指導要領（平成30年告示）』東山書房、2019a年。

文部科学省『小学校学習指導要領（平成29年告示）　解説　特別の教科　道徳編』廣済堂あかつき、2019b年。

森一郎「子どもと世界――アーレントと教育の問題」『哲学雑誌』第112巻第794号、有斐閣、2007年、92-112頁。

森一郎『死と誕生――ハイデガー・九鬼周造・アーレント』東京大学出版会、2008年。

森一郎「訳者あとがき」ハンナ・アーレント『活動的生』みすず書房、2015年、519-526頁。

森一郎『アーレントと革命の哲学――『革命論』を読む』みすず書房、2022年。

森川輝一『〈始まり〉のアーレント――「出生」の思想の誕生』岩波書店、2010年。

森川輝一「アーレントの「活動」概念の解明に向けて――『人間の条件』第二四―二七節の注解」『聖学院大学総合研究所紀要』No.50、2011年、13-49頁。

Moss, P. *Transformative Change and Real Utopia in Early Childhood: A story of democracy, experimentation and potentiality*, Routledge, 2014.

森田伸子「戦後の終わりとティーンエイジャーの創出――子ども史の1950年代」『日本女子大学紀要　人間社会学部』第8号、1997年、239-253頁。

村松灯「非政治的思考の政治教育論的含意――H・アレントの後期思考論に着目して」『教育哲学研究』第107号、2013年、153-171頁。

村松灯「政治的判断において「他者」とは誰か――H・アレントにお

ける「複数性」概念の射程」『教育哲学研究』第 111 号、2015 年、91-100 頁。

村松灯「H. アレントにおける「精神の生活」の政治性――〈自己とともにある〉ことと〈他者とともにある〉こと」『近代教育フォーラム』第 26 号、2017 年、1-12 頁。

日本アーレント研究会編『アーレント読本』法政大学出版局、2020 年。

西平直『教育人間学のために』東京大学出版会、2005 年。

Nixon, J. *Interpretive Pedagogies for Higher Education*, Bloomsbury Press, 2012.

野平慎二「教育の公共性と崇高なもの」『富山大学教育学部紀要』第 60 号、2006 年、19-30 頁。

Norris, T. *Consuming Schools*, Toronto University Press, 2011.

小野文生『〈非在〉のエティカ――ただ生きることの歓待の哲学』東京大学出版会、2022 年。

大形綾「「リトルロックに関する考察」再考――アメリカ黒人の文化的伝統に対するアーレントの理解と誤解」『人間・環境学』第 26 巻、2017 年、155-170 頁。

朴順南「ハンナ・アーレントにおける「世界」概念――教育と権威の位置づけをめぐって」『哲学』115 集、2006 年、25-43 頁。

お茶の水女子大学附属小学校・NPO 法人お茶の水児童教育研究会『新教科「てつがく」の挑戦――“考え議論する”道徳教育への提言』東洋館出版社、2019 年。

プラトン『ゴルギアス』加来彰俊訳、岩波書店、2007 年。

プラトン『ソクラテスの弁明』納富信留訳、光文社、2012 年。

斎藤幸平「気候危機の時代における資本主義 vs 民主主義」『世界』928 号、2020 年、110-119 頁。

佐貫浩監修『18 歳選挙権時代の主権者教育を創る――憲法を自分の力に』教育科学研究会編、新日本出版社、2016 年。

佐々木毅『現代アメリカの保守主義』岩波書店、1993 年。

佐々木毅『主権・抵抗権・寛容――ジャン・ボダンの国家哲学（岩波オンデマンドブックス）』岩波書店、2014 年。

佐藤和夫編「翻訳にあたって」ハンナ・アーレント『カール・マルクスと西欧政治思想の伝統』アーレント研究会訳、大月書店、2002 年、v-vii 頁。

佐藤和夫『〈政治〉の危機とアーレント――『人間の条件』と全体主

義の時代』大月書店、2017 年。

Schmitt, C. *Politische Theologie : Vier Kapitel zur Lehre Von der Souveränität*, Duncker & Humblot, 1922.〔「政治神学――主権論四章」長尾龍一訳『カール・シュミット著作集 I』村尾龍一編、慈学社出版、2007 年、1-52 頁。〕

Schutz, A. "Contesting Utopianism: Hannah Arendt and the Tensions of Democratic Education", in *Hannah Arendt and Education: Renewing Our Common World*, Gordon, M. (ed.), Westview Press, 2001, pp. 93-125.

セベスチェン，ヴィクター『ハンガリー革命 1956』吉村弘訳、白水社、2008 年。

シェイクスピア，ウィリアム『シェイクスピア全集　ハムレット』小田島雄志訳、白水社、1983a 年。

シェイクスピア，ウィリアム『シェイクスピア全集　テンペスト』小田島雄志訳、白水社、1983b 年。

篠原雅武「制作／仕事――人為的制作物をめぐる思考の現代的意義と限界」『アーレント読本』日本アーレント研究会編、法政大学出版局、2020 年、49-58 頁。

下地秀樹・太田明「反教育学と教育学の〈あいだ〉――'80 年代（西）ドイツの場合」『東京大学教育学部紀要』第 30 巻、1990 年、1-20 頁。

主権者教育推進会議『今後の主権者教育の推進に向けて（最終報告）』2021 年（https://www.mext.go.jp/content/20210331-mxt_kyoiku02-000013640_1.pdf　2024 年 8 月 30 日最終閲覧）。

シング，J. A. L.『野生児の記録 1 狼に育てられた子』中野善達・清水知子訳、福村出版、1977 年。

Smith, S. "Educational for Judgement: An Arendtian Oxymoron?", in *Hannah Arendt and Education: Renewing Our Common World*, Gordon, M. (ed.), Westview Press, 2001, pp. 67-91.

ソポクレス『コロノスのオイディプス』高津春繁訳、岩波書店、1973 年。

杉山直子「道徳教育考（4）――ハンナ・アーレントにおける道徳論」『梅光学院大学論集』47 巻、2014 年、101-110 頁。

鈴木光太郎『増補　オオカミ少女はいなかった――スキャンダラスな心理学』筑摩書房、2015 年。

髙田春奈「「働き方改革」から考える「シティズンシップ教育」――

ハンナ・アレント『活動的生』を手がかりに」『研究室紀要』第46巻、2020年、129-139頁
高橋勝「自発性」『教育思想事典 増補改訂版』教育思想史学会編、勁草書房、2017年、375-376頁。

高橋美恵子「「特別の教科　道徳」における“道徳性”育成の課題――ハンナ・アーレント「悪の凡庸さ」が提起する問題」『関東学院大学人文学会紀要』136巻、2017年、1-15頁。

竹内常一『竹内常一　教育の仕事第1巻　生活指導論』青木書店、1995年。

田中奈津子「「全面主義」道徳教育の可能性――シティズンシップ教育と道徳性の涵養」『神奈川大学心理・教育研究論集』42号、2017年、111-119頁。

田中智輝「教育における「権威」の位置――H.アレントの暴力論をてがかりに」『教育学研究』第83巻第4号、2016年、461-473頁。

田中智輝「「世界」の継承と更新に向けた「過去への態度」――H.アレントによる近代教育批判の時間的次元に着目して」『教育哲学研究』第116号、2017年、119-137頁。

田中智輝「H・アレントの思想形成過程における教育への問い――世界疎外論に着目して」『教育哲学研究』第119号、2019年、75-93頁。

田中智輝・村松灯・樋口大夢「反出生主義をめぐる今日的状況と思想的課題」『山口大学哲学研究』第29巻、2022年、17-36頁。

苫野一徳『ほんとうの道徳』トランスビュー、2019年。

渡名喜庸哲「責任・道徳・倫理――アーレント責任論の意義と限界」『アーレント読本』日本アーレント研究会編、法政大学出版局、2020年、191-199頁。

戸谷洋志『ハンス・ヨナスを読む』堀之内出版、2018年。

戸谷洋志「反出生主義」『現代思想』第47巻第6号、青土社、2019年、44-49頁。

戸谷洋志・石神真悠子・田中智輝・田中直美・村松灯「ヨナスとアレント――出生をめぐる思想と未来への責任」『近代教育フォーラム』第29号、2020年、124-130頁。

内田良・山本宏樹編著『誰が校則を決めるのか――民主主義と学校』岩波書店、2022年。

宇野重規『保守主義とは何か――反フランス革命から現代日本まで』

中央公論新社、2016 年。

Veck, W. and Jessop, S. "Hannah Arendt 40 years on: thinking about educational administration", *Journal of Educational Administration and History*, Vol. 48, No. 2, pp. 129-135.

Veck, W. and Gunter, H. (eds.) *Hannah Arendt on Educational Thinking and Practice in Dark times: Education for World in Crisis*, Bloomsbury Publishing, 2020.

Villa, D. R. *Arendt and Heidegger: The Fate of the Political*, Princeton University Press, 1996.〔『アレントとハイデガー──政治的なものの運命』青木隆嘉訳、法政大学出版局、2004 年。〕

Villa, D. R. *Politics, Philosophy, Terror: Essays on the Thought of Hannah Arendt*, Princeton University Press, 1999.〔『政治・哲学・恐怖──ハンナ・アレントの思想』伊藤誓・磯山甚一訳、法政大学出版局、2004 年。〕

Villa, D. R. *Arendt*, Routledge, 2021.

Weinberg, R. "Is Having Children Always Wrong? ", *South African Journal of Philosophy*, Vol. 31, No. 1, 2012, pp. 26-37.

山口充「H. アーレントにおける「出生」の存在論的意味」『愛媛大学教育学部紀要』第 1 号、2006 年、9-19 頁。

山岡龍一「主権」『社会思想史事典』社会思想史学会編、2019 年、108-109 頁。

Young-Bruehl, E. *Hannah Arendt: For Love of the World*, Yale University Press, 1982.〔『ハンナ・アーレント伝』荒川幾男・原一子・本間直子・宮内寿子訳、晶文社、1999 年。〕

Young-Bruehl, E and Kohn, J. "What and How We Learned from Hannah Arendt: An Exchange of Letters", in *Hannah Arendt and Education: Renewing Our Common World*, Gordon, M. (ed.), Westview Press, 2001, pp. 225-256.

著者略歴

1994 年生まれ

東京大学大学院教育学研究科博士後期課程修了。博士（教育学）

現在　東洋学園大学グローバル・コミュニケーション学部専任講師

主著・主論文　「反出生主義をめぐる今日的状況に対して教育（学）は何ができるのか」『教育学研究』第 90 巻第 2 号（2023 年）。「ハンナ・アレントにおける「自発性」の教育思想――「世界」を刷新することと教育が「保守的」であることの間」『教育学研究』第 89 巻第 1 号（2022 年）。

ハンナ・アレントの教育理論

「保守」と「革命」をめぐって

2025 年 1 月 20 日　第 1 版第 1 刷発行

著　者　樋《ひ》口《ぐち》大《ひろ》夢《む》

発行者　井　村　寿　人

発行所　株式会社　勁《けい》草《そう》書　房

112-0005　東京都文京区水道 2-1-1　振替　00150-2-175253

（編集）電話　03-3815-5277／FAX　03-3814-6968

（営業）電話　03-3814-6861／FAX　03-3814-6854

精興社・牧製本

ISBN978-4-326-25179-7　　Printed in Japan

教育思想史学会 編
教育思想事典 増補改訂版
A5判 八五八〇円

小玉重夫
教育政治学を拓く 18歳選挙権の時代を見すえて
四六判 三一九〇円

G・ビースタ／上野正道ほか訳
民主主義を学習する 教育・生涯学習・シティズンシップ
四六判 三五二〇円

山名淳 編著
記憶と想起の教育学 メモリー・ペダゴジー、教育哲学からのアプローチ
A5判 四九五〇円

吉田敦彦・河野桃子・孫美幸 編著
教育とケアへのホリスティック・アプローチ 共生／癒し／全体性
A5判 四九五〇円

佐藤隆之
市民を育てる学校 アメリカ進歩主義教育の実験
オンデマンド 四六二〇円

佐藤隆之・上坂保仁 編著
市民を育てる道徳教育
A5判 二五三〇円

森田尚人・森田伸子・今井康雄 編著
教育と政治／戦後教育史を読みなおす
オンデマンド 四六二〇円

河野桃子
シュタイナーの思想とホリスティックな知
A5判 五五〇〇円

デボラ・P・ブリッツマン／下司晶・須川公央 監訳
フロイトと教育
四六判 三一九〇円

＊表示価格は 2025 年 1 月現在。消費税 10% が含まれております。